시와 그림,
사랑의 빛깔로 다가왔습니다

시와 그림,
사랑의 빛깔로 다가왔습니다

황혜숙 글

나무생각

프롤로그

예기치 못했던 기쁨

　어느 날, 어느 순간부터였습니다. 갑자기 무성 영화의 필름이 돌아가는 화면을 어둠 속에서 바라보고 있는 것 같았는데, 줄줄이 이어지듯이 떠오르는 장면들이 한꺼번에 보이기 시작했습니다. 지속적으로 선명하게 떠오르는 나의 옛날이었습니다. 내가 스스로 생각하며 추억하는 것이 아니라는 생소한 느낌은 너무나도 이상하고 신비했습니다. 그동안 까마득히 잊고 있었거나 미처 생각지도 못했던 지난날의 내 모습을, 내가 아닌 어느 존재의 시선으로 바라보고 있는 것 같았기 때문입니다.
　누구나 그러하듯이 나 역시 내가 살아온 옛날을 가끔씩 회상하며 살았습니다. 그러나 그것은 어디까지나 '나의 과거'를 '내'가 생각하는 것이었습니다. 대부분의 경우는 내가 특별히 의식하지 않았는데도 별 의미 없이 불쑥 불쑥 떠오르는 잡념들이었지만, 그리운 추억들도 많았습니다. 그 속에는 몇몇의 주인공들이 변함없이 등장하는데, 대부분 가족과 친구들이고, 사회생활을 하며 만난 사람들도 간혹 나타났습니다. 아무튼 그것은 기쁨이거나 슬픔이거나 내가 기억할 수 있는, 스스로의 의지와 감정이 개입되어 있었습니다.

그러나 어느 날부터는 어느 존재의 간절한 이끌림에 의해 사랑의 기억을 찾아가는 것 같았습니다. 그리고 그때마다 미처 알 수 없었던 나의 내면을 만날 수 있었습니다. 한동안 뒤집어쓰고 있던 갖가지 탈바가지들이 하나씩 벗겨지면서, 또 다른 모습의 내가 보이기 시작했습니다. 내가 사랑했던 것들, 그러나 스스로 인정하고 싶어 하지 않았던, 그래서 본능적으로 잊혀졌던 아득한 기억들까지도 저절로 떠올랐습니다.

처음에는 혼돈뿐이었고, 내가 쌓아온 나의 단단함이 서서히 무너져 내릴 때의 충격 때문인지 몸이 많이 아프기도 했습니다. 그러면서 내가 아닌, 어느 신비한 힘에 의해 세상을 살았다는 놀라운 깨달음으로 정신을 차릴 수가 없었습니다. 그러나 지난 세월 내내, 보이지 않는 존재로부터 내가 얼마나 극진한 보살핌을 받으며 살아왔는지 알게 된 것은, 정말 예기치 못했던 기쁨이었습니다. 언제 어디서나 나와 함께하며 나를 지켜준 그 절대 존재가 사랑이었음을 깨닫기까지, 나는 참 먼 길을 걸었던 것입니다.

차 례

프롤로그 예기치 못했던 기쁨 • 4

1장 회상_시를 만나다

밤 운전 • 11 | 그림 그리기 • 17 | 변명 • 20 | 신의 언어 • 22 | 늦가을 바다 • 25 | 물빛 • 27 | 겨울 나무 • 30

2장 그리움_기다림을 배우다

긍정적인 삶 • 35 | 아름다운 모든 것을 사랑한다 • 42 | 아기별님 • 48 | 오빠 생각 • 51 | 부치지 못한 편지 • 54 | 서시 • 56 | 즐거운 편지 • 60 | 기다림 • 67 | 젊음의 열정 • 72 | 길 • 80

3장 상처_깊은 잠에서 깨어나다

걷지 않은 길 • 97 | 신이 와서 • 102 | 태초에 하나님이 사랑하셨다 • 105 | 빈자리 • 111 | 너를 기다리는 동안 • 115 | 비 오는 날 • 117 | 이별 • 119 | 기도 • 122 | 별, 아직 끝나지 않은 기쁨 • 131 | 낙화 • 134 | 나의 기도 • 137 | 축복의 길 • 140 | 슬픔 • 142 | 모란이 피기까지는 • 147 | 사랑에 대하여 • 150

4장 기도_나를 찾는 긴 여행

목적이 이끄는 삶 • 161 | 백 년 후에는 • 168 | 새 • 170 | 풍장 • 174 | 평화로운 바다 저편 • 177 | 당신의 하느님 • 180 | 이슬의 눈 • 185 | 꽃 • 188 | 종소리 • 193 | 상처 • 198 | 조그만 사랑 노래 • 202 | 부활 • 205 | 안개 속에 • 208 | 귀천 • 212 | 생명의 빛 • 215 | 생명의 힘 • 220 | 두렵고 떨리는 마음으로 • 223 | 가을의 기도 • 227 | 아름다운 세상의 신비 • 232 | 맑고 잔잔한 레이만 호여 • 235 | 무지개 • 238 | 내 존재의 비밀 • 241 | 평화의 기도 • 246 | 간절한 • 250 | 빈치 마을 • 256 | 사랑으로 창조된 그림 • 261 | 황포강을 바라보며 • 266 | 그대와 내가 가는 길 • 271 | 영원한 사랑 • 275

회상_ 시를 만나다

아무래도 그 시를 만나던 날부터 얘기해야만 할 것 같습니다. 3월이 지나가고 있었고, 도쿄에서 하루 종일, 14시간 가까이 이어진 연속 회의를 이틀 동안 하고 서울로 돌아온 다음날이었습니다.

그날도 이른 아침부터 경영 회의와 신제품 전략 회의를 했고, 뒤이어 광고 회의를 준비하느라 회의실은 부산스러웠습니다. 친구처럼 지내는 친한 후배가 광고 회사의 대표로 참석하게 되어 이런저런 얘기를 나누었고, 회사 사보에 넣을 광고 제품을 의논하다가 편집 방향을 바꾸는 안건 때문에 다른 경쟁사들의 사보들을 뒤적거리며 살펴보게 되었습니다.

어느 회사의 사보였는데, 첫 페이지에 실린 시 〈그림 그리기〉가 눈에 띄었습니다. 아마도 시의 제목이 주는 어떤 그리움 때문에 시를 읽게 되었던 것 같습니다. 그런데 도무지 이해할 수 없는 일이 벌어졌습니다. 나는 정신없이 울기 시작했던 것입니다. 나 자신뿐만 아니라 회의실에 앉아 있던 사람들도 너무

놀라서 모두 당황해했고, 어리둥절해했습니다.

　중·고등학교 시절부터 시를 좋아하기는 했지만, 그토록 대책 없이 울어버릴 정도는 아니었습니다. 문득 미국에서 대학 생활을 하고 있던 시절에도 우연한 기회에 〈밤 운전〉이라는 시를 읽고 울기만 했던 기억이 떠올랐습니다. 그러고 보니 그때에도 스스로 통제할 수 없었던 울음이었으며, 그 시가 적힌 종이쪽지를 그날 이후로 지금까지도 갖고 다녔다는 사실이 생각났습니다. 하지만 아이를 낳아 키우며 직장 생활을 시작한 지도 까마득한 세월이 지났건만, 시를 읽다가 울게 되다니, 그것도 공식적인 자리에서……. 아무튼 상상도 할 수 없는 일이었습니다.

　그날의 회의는 엉망이 되었고, 나는 대학 시절에 친구의 노트에서 〈밤 운전〉을 베껴 적은 후, 내내 지녀온 닳고 닳은 종이쪽지를 찾았습니다. 시를 적은 종이는 접힌 부위가 저절로 찢어질 정도로 해어져 투명 테이프가 여기저기 붙어 있었지만, 나는 그것을 버리고 새 종이에 다시 적는다거나, 혹은 다른 방법으로 간직할 생각을 하지 않았습니다. 무슨 특별한 이유가 있어서라기보다는, 순수의 흔적 같은 그 무엇을 잃고 싶지 않았던 것 같습니다. 그것이 무엇인지는 잘 모르겠지만, 시 〈그림 그리기〉를 읽으며 울음을 터뜨렸던 그날부터는, 시 〈밤 운전〉과 함께했던 지난날을 자꾸만 생각하게 되었습니다.

나에게는 잊혀져 있는 먼 옛날이 있는 것 같았습니다. 광고 회사의 후배가 수소문해준 덕분으로 작가도 모른 채 지녀온 시 〈밤 운전〉과 바로 그날 읽게 된 〈그림 그리기〉는 같은 시인의 작품이라는 것도 알게 되었습니다. 그렇다면 내가 왜 같은 시인의 다른 시를, 옛날과는 전혀 다른 지금의 상황에서 읽고도 또 다시 울게 되었을까 하는 의문이 생겼습니다. 그 두 편의 시 속에 나를 울게 만든 무엇이 담겨 있는지 알고 싶어졌고, 그래서 자꾸만 시를 읽었습니다.

밤 운전

　나에게는 비밀처럼 간직해온 '밤 운전'이란 제목의 시가 있습니다. 오랜 세월이 흐르는 동안, 그 시는 특별한 의미를 지닌 하나의 존재가 되었습니다. 그 시를 외우지 못해서가 아닌데도, 시〈밤 운전〉은 접혀진 종잇조각이 되어 한결같이 나와 함께 지냈으며, 나만의 시간 속에서 자주 만났습니다. 시를 적은 종이가 닳고 닳아서 접혀진 부분은 다 해어지고 절로 찢어졌어도, 눈으로 확인하며 읽어야만이 지금도 편안해집니다.
　시와의 그러한 만남이 무슨 의미였는지는 잘 모르겠지만, 나에게는 유일한 위로였습니다. 그런데 그 옛날, 시〈밤 운전〉을 처음 만나던 날의 놀라움과 떨림의 충격을 오늘 읽은 시〈그림 그리기〉에서도 받게 되었습니다.

두 편의 시에서 똑같이 느껴지는 전율 같은 감동 때문인지 주체할 수 없이 흐르는 눈물을 감당할 수가 없습니다.

  시 〈밤 운전〉은 내가 외국에서 대학을 다니며 외로움에 지쳐 있었을 때 우연히 읽게 되었습니다. 그 시의 첫 연을 읽는 순간부터 정신없이 울던 기억이 어제 일처럼 생생한데, 벌써 한 세월이 지났습니다. 토끼를 보고도 어쩔 수 없이 그냥 지나가야 하는 일직선상의 속도를 참 슬퍼하며, 고국이 너무 너무 그리워 잠 못 이루던 그날 밤이 생각납니다.

  순수를 잃으면서 살아야 하는 삶의 쓸쓸한 여정과 비애를 지닌 채, 그 시는 오늘도 시 〈그림 그리기〉가 되어 어둡고 긴 내면의 길을 가고 있는지도 모릅니다.

밤 운전

마종기

1
그냥 지나간다.
외국의 고속도로의 밤,
정지도 커브도 불가능한
일직선상의 속도.

토끼를 보고 깔아뭉갠다.
운전 좌석의 미미한
진동감, 미미한 감동.
다시 또 한 마리.

그냥 지나왔다.
친구도 고국도 문학도,
서울 골목길을 지나가는
범상치 않은 아우성도.

그냥 지나왔다.
나침반을 단 내 자동차.
그래도 종신의 방향까지
때때로 헛갈리는
한 세계의 무의미.

    2

국민학교 시절 성균관 뒷산에 살던 어린 반딧불은 밤 드라이브의 차창에 무진으로 부딪혀 죽고 이스트 바운드 5마일의 표지판. 실용적일 수 없는 성균관 뒷산의 짧고 빛나던 즐거움이 외국의 속도에 죽고 내가 쉴 곳은 아직 보이지 않는다.

죽지 말아다오. 밤 운전에 졸리면 악을 쓰고 부르는 노래나 듣지. 뜸북새도 꽃

피는 산골도 보이고, 동백 아가씨부터 전우의 시체까지 모두 불러서, 모두 불러서 목이 쉬면 창밖에는 오래 못 보았던 깨끗한 달이 보이는군.

달이 보인다. 어렵게 가진 친구들아. 켄터키 주 허허벌판에 만나볼 사람 하나 없어도, 젊을 때 사랑은 그런대로 사랑이고, 달빛에 갑자기 보이는 눈물 역시 그런대로 눈물이다. 내 생애의 뒷산 한모퉁이에 아직도 반딧불 자유롭게 날고, 밤 깊어 더 청명한 달이 뜨는 한.

3

비교하라.
냉장고, 세탁기, 자동 칫솔,
신문 광고는 머리 들고
전면으로 외친다.

그러나 비교할 것은
내게 이미 없다.
남은 것은 단수의 세계,
단수의 조국, 단수의
가족, 하늘 아래 사계절.
다를 수 없는 바람이 분다.

비교하라.
어두운 겨울 저녁, 또다시

낯선 도시에 들어서는
우리들의 소리 없는 흐느낌.

　　내가 아프거나 외로울 때, 보이지 않는 슬픔을 안고 노래하는 이 시에서 참 많은 위로를 받았습니다. 내가 그냥 지나가야 하는 삶의 길에서 시 〈밤 운전〉과 함께 한 외국 생활이었습니다. 아무튼 그리운 내 나라가 있다는 것만으로도 얼마나 고마웠는지 모릅니다. 그리고 비교할 것도 없는 단수의 것, 나만의 소중한 그 무엇을 비밀처럼 지니기 시작했습니다. 그때의 유학 시절은 이젠 옛날이 되었지만 "어두운 겨울 저녁, 또다시 / 낯선 도시에 들어서는 / 우리들의 소리 없는 흐느낌"은 여전히 들려오는 듯합니다.

　　비교하라.
　　어두운 겨울 저녁, 또다시
　　낯선 도시에 들어서는
　　우리들의 소리 없는 흐느낌.

그림 그리기

3월이 지나가는 따뜻한 봄날입니다.

눈부신 햇살을 받는 목련꽃의 환한 모습을 오랫동안 바라보고 있었습니다. 소리 없이 피어난 꽃잎 하나하나에 전설처럼 아득하고 아름다운 봄 처녀의 모습이 담겨져 있는 것 같았습니다. 소중한 생명의 탄생처럼 봄은 그렇게 와 있었고, 나는 〈그림 그리기〉라는 시를 우연히 읽게 되었습니다.

시 〈그림 그리기〉는 제목만으로도 옛 추억 속, 그리운 그 무엇을 찾은 것 같았습니다. 예기치 못했던 기쁨이 분명하고, 시를 읽었을 뿐인데도 나는 가슴이 너무 아파서 울고 있으니 정말 알 수 없는 일입니다.

나도 알 수 없는 아주 먼 옛날에 잃어버렸던 혈육을 다시 찾은 듯 반갑기도 하고, 기억상실에서 갑자기 깨어나 한 세월의 실종을 깨닫고 눈물만 흘리고 있는 환자 같기도 합니다. 시가 내게 주는 영향력이 과연 무엇이기에 자꾸만 울게 되는지 내 눈물이 참 궁금합니다.

그림 그리기

마종기

그림 그리기를 시작했다.
겨울같이 단순해지기로 했다.
창밖의 나무는 잠들고
形象의 눈은
헤매는 자의 뼈 속에 쌓인다.

항아리를 그리기 시작했다.
빈 들판같이 살기로 했다.
남아 있던 것은 모두 썩어서
목마른 자의 술이 되게 하고
자라지 않는 사랑의 풀을 위해
어둡고 긴 내면의 길을
핥기 시작했다.

변 명

　가슴속, 어느 깊은 곳으로 스며드는 시의 그 무엇에 아픔을 느낍니다. 내 의식 속에 숨어 있던 통증 같은 그리움이 먼 옛날의 한 시점에서 완전하게 끊겼다가 갑자기 건너뛰듯이 현재로 이어진 것 같습니다. 예전에는 시를 마주하고 있으면, 알 수 없이 불안했던 마음이 편안해졌었습니다. 그런데 지금은 어디고 할 것 없이 아프기만 하니 정말 알 수 없는 일입니다.

　따뜻하고 편안하게 느껴지던 불꽃을 바라볼 줄은 알았어도 타는 아픔이 있었으리라고는 차마 몰랐던 지난날의 무심함이 무척이나 마음에 걸립니다. 잊혀진 내 기억이 고통일 것 같은 예감을 떨쳐버릴 수가 없으며, 어쩌면 생각나지 않을지도 모른다는 변명 같은 두려움이 느껴집니다.

변 명

마종기

흐르는 물은
외롭지 않은 줄 알았다.
어깨를 들썩이며 몸을 흔들며
예식의 춤과 노래로 빛나던 물길,
사는 것은 이런 것이라고 말했다지만
가볍게 보아온 세상의 흐름과 가버림.
오늘에야 내가 물이 되어
물의 얼굴을 보게 되다니.

그러나 흐르는 물만으로는 다 대답할 수가 없구나.
엉뚱한 도시의 한쪽을 가로질러
길 이름도 방향도 모르는 채 흘러가느니
헤어지고 만나고 다시 헤어지는 우리.

물이 낮은 곳으로 흐르는 마음도 알 것 같으다.
밤새 깨어 있는 물의 신호등,
끝내지 않는 물의 말소리도 알 것 같으다.

신의 언어

　나는 인간 사회의 법칙을 이루는 책임과 의무의 정신을 존중합니다.
　그 법칙이라는 것이 무척이나 촌스럽고 편견에 사로잡힌 그릇된 것이라 해도 나는 존중합니다. 인간 사회의 법칙을 존중하며 산다는 것은 자신이 잊혀지는 외로움이기도 합니다. 그런데 그 외로움 속에는 알 수 없는 어떤 진실이 깊이 숨어 있다고 느껴집니다. 이럴 때 그 진실, 혹은 본질적인 자아를 찾아주는 시를 만나면 인식 세계의 변화가 생기게 됩니다. 그러니까 나는 시에서 잊혀진 자신을 찾으며, 어느 영혼과의 만남도 이루어집니다.
　나는 진실한 시의 영원성을 믿으며, 태초에 아름다운 만남이 있었으며, 그 만남을 기억하는, 방황하는 영혼이 있었음도 알게 되었습니다. 그 영혼의 존재를 언어로써 알릴 수 있는 시의 생명력은 초자연적이고 불가사의한 그 무엇이어서 내가 살아 있었음에 감동을 줍니다.

시에는 순수한 눈물과 정이 있으며, 신의 언어처럼 느껴지는 평화로운 정신이 있습니다. 시에는 지나간 삶을 회상하게 하는 애틋한 그리움이 있어 오늘을 살아가는 힘이 되어주기도 합니다. 지나간 것에는 맞닥뜨린 책임과 의무가 없어 편안함을 느낄 수 있는데, 내가 피곤에 지쳐 있을 때는 더욱더 그러합니다. 옛날로 기억되는 모든 요소에서 너그러워진 자신을 느끼게 되고, 이해의 샘도 깊어져서 가슴이 아프며, 그래서 자주 눈물이 흐르지만 나는 시를 좋아합니다.

기 도

마종기

하느님,
나를 이유 없이 울게 하소서.

눈물 속에서
당신을 보게 하시고
눈물 속에서

사람을 만나게 하시고

죽어서는
그들의 눈물로 지내게 하소서.

늦가을 바다

지금 창밖으로는 투명한 물빛의 늦가을 바다가 넓게 보입니다.

바다 속의 물이 깊으면 깊을수록 환하게 보이는 것은 빛을 잃었던 아기별이 바다 밑에 떨어져 다시 밝게 빛나고 있기 때문이라는 〈바위나리와 아기별〉 동화가 생각납니다. 오래 헤매며 살던 짙은 안개의 세월 끝내고 드디어 뜨거운 눈을 뜨기 위해 수장될 수 있는 시인의 바다도 기억합니다.

세월의 물결에 떠밀려 정신없이 살았다지만, 시를 만나면 내 속에서 숨어 살던 여린 모습의 나를 연민으로 만나게 되는 것 같습니다.

늦가을 바다

마종기

우리들의 평화가 가깝게 다가와서
형제들의 물살과 서로 섞이는구나.
엉기고 뒹굴면서 하나가 되는구나.
물살 되어서 결국 보이지 말거라.
수심이 보이지 않는 당신을 어루만진다.

문득 지나간 날의 흰 파도 한 개,
우리들의 몸도 이렇게 만나서 부딪치면
당신도 몸 사리지 못하고 꽃이 되겠지.
그 꽃 피어나는 몸짓이 되겠지.

어느 틈에 벌써 어두워지는 바다,
사면이 좁아서 내 눈이 새삼 밝아지고
더 이상 파도 소리 들리지 않아서
두 귀는 더 맑아지는구나.

어깨를 숙이는 올해의 마지막 가을,
너를 놓아두어라, 아무도 없는 내 저녁 근처,
흔들리는 연옥의 부끄러운 두 손,
너를 놓아두어라, 빈 바다의 복판에
희미한 네 얼굴이 멀어지고 있다.

물 빛

세상의 모든 쓸쓸한 물이 흐르고 또 흐르다가 깊은 바다 속, 끝이 보이지 않는 그리움이 되었습니다. 수많은 세월의 낮과 밤이 만들어낸 산호의 신비함을 보았습니다. 그리움의 한 맺힘이 겹겹이 쌓여서 생긴, 핏빛으로 물든 산호였습니다.

인간이 지닌 원죄 때문인지, 우리에게 외로운 저녁이 찾아오면 무조건 기도하고 싶어집니다. 영원한 사랑을 꿈꾸게 되고, 죄 없이 살던 곳, 깨끗하고 아름다운 본향이 한없이 그리워지는 것입니다. 그러나 언젠가는 "당신의 피곤했던 한 세월의 목마름도 조금은 가셔지겠지요."

물빛 1

마종기

내가 죽어서 물이 된다는 것을 생각하면 가끔 쓸쓸해집니다. 산골짝 도랑물에 섞여 흘러내릴 때, 그 작은 물소리를 들으면서 누가 내 목소리를 알아들을까요. 냇물에 섞인 나는 물이 되었다고 해도 처음에는 깨끗하지 않겠지요. 흐르면서 또 흐르면서, 생전에 지은 죄를 조금씩 씻어내고, 생전에 맺혀 있던 여한도 씻어내고, 외로웠던 저녁, 슬펐던 앙금들을 한 개씩 씻어내다 보면, 결국에는 욕심 다 벗은 깨끗한 물이 될까요. 정말 깨끗한 물이 될 수 있다면 그때는 내가 당신을 부르겠습니다. 당신은 그 물 속에 당신을 비춰 보여주세요. 내 목소리를 귀담아들어주세요. 나는 허황스러운 몸짓을 털어버리고 웃으면서, 당신과 오래 살고 싶었다고 고백하겠습니다. 당신은 그제서야 처음으로 내 온몸과 마음을 함께 가지게 될 것입니다. 누가 누구를 송두리째 가진다는 뜻을 알 것 같습니까. 부디 당신은 그 물을 떠서 손도 씻고 목도 축이세요. 당신의 피곤했던 한 세월의 목마름도 조금은 가셔지겠지요. 그러면 나는 당신의 몸 안에서 당신이 될 것입니다. 그리고 나는 내가 죽어서 물이 된 것이 전연 쓸쓸한 일이 아닌 것을 비로소 알게 될 것입니다.

겨울 나무

비발디(Vivaldi)의 〈사계〉 중에서 '겨울'을 계속해서 들으며 여름이 지나가기를 기다립니다. 저 무성한 초록의 잎들이 모두 떠나가면, 지난 여름의 뜨거웠던 열기도 조금씩은 잊혀지다가 "마침내 혼자 살기로 결심한 나무"처럼 편안히 쉴 수 있을 것 같습니다.

깊은 뿌리의 신비한 영혼을 지닌 듯한 겨울 나무가 무척이나 보고 싶어집니다. 폭풍을 예감하는 정적 속에서 소리 없이 울고 섰다 하여도, 홀로 견뎌내는 겨울 나무에게는 끝없는 기다림과 인내하는 극기의 힘이 느껴집니다. 시 〈그림 그리기 4〉에 그려진 한 그루의 나무는 너무 외롭겠지만, 그래도 "인연의 나뭇잎 모두 날리고 난 후"의 겨울 나무는 내게 희망과 위로를 줍니다.

그림 그리기 4

마종기

1

한 그루 나무를 그린다. 외롭겠지만
마침내 혼자 살기로 결심한 나무.
지난 여름은 시끄러웠다. 이제는
몇 개의 빈 새집을 장식처럼 매달고
이해 없는 빗소리에 귀기울이는 나무.
어둠 속에서는 아직도 뜬소문처럼
사방의 새들이 날아가고, 유혹이여.
눈물 그치지 않는 한 세상의 유혹이여.

2

요즈음에는 내 나이 또래의 나무에게
관심이 많이 간다.
큰 가지가 잘려도
오랫동안 느끼지 못하고
잠시 눈을 주는 산간의 바람도
지나간 후에야 가슴이 서늘해온다.
인연의 나뭇잎 모두 날리고 난 후
반백색 그 높은 가지 끝으로
소리치며 소리치며 가리키는 것은 무엇인가.

그리움_ 기다림을 배우다

    시를 다시 읽기 시작하면서 지난 세월에 대한 어떤 그리움이 마냥 깊어져 갔습니다. 오래전에 잃어버린 것 같은, 소중한 그 무엇이 있을 것만 같았습니다. 그리고 누군가 나를 위해 기도하며 지켜보고 있다는 신비한 느낌이 들기 시작했습니다. 어디서부터 매듭을 풀어야 할지 모르는 실타래처럼 내 자신이 엉켜 있는 것 같기도 했습니다.

    알 수 없는 혼돈에서 벗어나고 싶어서 무엇이든지 간에 떠오르는 나의 것을 그대로 꺼내놓기 시작했습니다. 외할머니의 무조건적인 사랑과 동화 세계에 빠져 지내던 어린 시절이 자꾸만 생각나서 할머니의 산솟가를 자주 찾기도 했습니다. 이상하게도 옛날을 생각하면, 동네 아이들과 어울려 놀 줄을 몰라서 집밖으로 나가는 것을 두려워했던 기억이 가장 먼저 떠올랐습니다. 방 안에서 꼼짝하지 않으려고 몸이 아프다는 거짓말을 자주 했었기 때문인 것 같습니다. 하지만 여러 가지 놀이기구들이 있던 마당에라도 나가 놀라고 다그치면 정말 아프

2장

기도 했습니다.

   그 덕분에 나는 외할머니의 보살핌을 극진히 받았으며, 참 많은 책을 읽을 수 있었습니다. 아무튼 그 시절의 책 읽기는 나에게 유일한 즐거움이었습니다. 그후의 학창 시절에는 시와 그림을 좋아하게 되었는데, 시를 읽고 나서의 어떤 느낌이나 감동을 그림으로 표현하느라 참 많은 시간을 보냈습니다.

   하지만 스스로도 어쩔 수 없었을 뿐만 아니라, 아무도 이해해주거나 믿으려 하지도 않았던 기억이 떠오르면 지금도 머릿속이 뜨거워지고 진땀이 흐릅니다. 중요한 시험만 다가오면 나는 마음에 와닿는 시를 찾아내어 밤을 새우며 그림을 그렸기 때문입니다. 어쩌면 시험이라는 불안에서 벗어나려는, 나름대로의 사는 방법이었는지도 모르겠습니다.

   어쨌거나 시를 그림으로 그려내는 일은 학교 성적하고는 아무 상관이 없었지만, 내가 수고해 그린 그림들을 바라볼 때 시가 저절로 읽혀지면 얼마나 기뻤는지 모릅니다. 그러한 느낌의 세계에서 채워지는 행복감은 언제 어디서라도 나를 풍요롭고 당당하게 만들어주었던 것 같습니다.

성년이 되어서도 나는 무엇이 현실인지 제대로 분별하지 못했고, 아무런 경쟁심도 가져보지 못한 채 여전히 꿈속을 여행하며 살았습니다. 현실적이지 못했던 그 꿈은 황당했어도 비밀스러운 나만의 세계였습니다. 나는 자주 그 속에 들어가 위로받았지만, 무언가 그렇게 아끼고 좋아하는 마음이 세상 사는 힘이었다는 것을 그때는 몰랐습니다.

그리고 어떤 대상을 무작정 사랑하며 행복해했던, 그러한 마음은 내 속에서 스스로 일어난 것이 아니었다는 생각이 문득 들었습니다. 나의 모자람을 너무나도 잘 알고 계시는 절대 존재, 그분께서 나를 채워주신 사랑이라고 느껴졌습니다. 그 느낌은 의외로 편안했고, 그래서 나는 마음 놓고 회상하기 시작했습니다.

긍정적인 삶

　국제 교환학생으로 미국에서 유학 생활을 하다가, 그곳에서 학교를 졸업하면서 결혼했고, '시세이도'라는 화장품 회사에서 사회생활을 시작했습니다. 미술을 공부했기 때문에 디자이너로서의 직책이었지만, 우연한 계기로 인해 마케팅 부서에서 뷰티 아티스트로서 일하게 되었습니다. 화장품으로 여성의 아름다움을 어떻게 가꾸고 창조할 수 있는지 연구하며 프로모션하는 일이었습니다.

　시세이도의 교육은 매우 전문적이면서도 다양했습니다. 미국 내의 유명 백화점에 처음 입점할 때나 특별행사 기간에는 영업 현장에서 일하며, 소비자와 시장에 대해서 많은 것을 배울 수 있었습니다. 미용과 패션, 디자인 등 생활 문화의 시대적 흐름과 연관성을 공부하다 보니 신제품을 개발하는 일이 참 매력적이라고 느껴졌습니다. 그리고 아름다움에 대한 인간의 감성적 욕구가 얼마나 긍정적으로 삶의 질을 향상시킬 수 있는지도 깨닫게 되었습니다.

시세이도가 나의 의식세계에 준 영향력은 사회인으로서의 책임감이었습니다. 그 때문인지 시세이도의 후쿠하라 사장은 사회인으로서 내가 진심으로 존경하게 된 첫 번째 사람입니다. 그 당시에는 국제부의 책임자로 계셨는데, 한국 여자인 내가 미국에 있는 일본 회사에서 일한다는 것에 대하여 어떤 사명감을 갖게 해주었습니다. 뉴욕에서 같이 일했던 시세이도의 동료들에게서도 참 많은 것을 배웠습니다. 우리는 서로가 자기 나라를 사랑하는 마음을 존중해주면서 우정을 나누었으며, 참 재미있게 지냈습니다. 미국에서 그들의 경쟁력은 자기 일의 대상인 화장품을 얼마만큼이나 사랑하며, 또한 신뢰하는지에 두고 있는 것 같았습니다.

좋은 제품을 개발하는 과정은 그림을 그리는 것처럼 개인의 내면에서부터 시작되는 것이 아니고, 다른 사람들의 필요를 먼저 생각하는 일이어서 세상을 바라보는 눈도 갖게 해주었습니다. 아무튼 시세이도에서 일을 시작한 것이 우연인지 혹은 운명이든지 간에 나는 화장품 개발하는 일을 무척이나 좋아했습니다.

세계적으로 유명한 화장품들 간의 경쟁이 가장 치열하고, 모든 유행 경향에 민감하게 반응하는 미국 뉴욕에서 일하게 된 것은 행운이었는데, 갑자기 귀국하게 되었습니다. 언젠가 태평양화학에서 시장조사차 미국에 왔다가 시세이도에서 일한다는 한국 여자 얘기를 듣고 나를 찾아온 적이 있었습니다. 일본 제품이 어떻게 미국 시장에 진출해 경쟁하는지 알고 싶어 했고, 나의 귀국을 기다리겠다고 했습니다. 아무튼 그 일이 계기가 되어 나는 태평양화학에서 일하게 되었습니다.

1977년도였는데, 그때까지는 화장품 시장이 개방되지 않았었기 때문에 우리나라 화장품은 국제 경쟁력이 거의 없었습니다. 브랜드 마케팅에 대한 개념뿐만 아니라, 미용 분야에 대한 이해도 너무 낮아서 막막했습니다. 무엇보다도 여자가 책임자의 자리에서 일한다는 것, 그 자체도 받아들이기 힘든 사회 분위기였습니다. 인원 충원이 필요해서 신입사원을 채용하려고 하면, 대학 졸업한 어느 남자가 여자 상사 밑에서 일을 하겠느냐며 공공연히 반대하기도 했습니다. 내가 처음 미국에 가서 받은 문화 충격보다도 더 큰 충격이었습니다.

이때부터 나는 강해져야 했고, 내 모든 열정의 대상은 내 나라의 화장품이 되었습니다. 그리고 내가 책임을 맡고 있는 부서는 남자든 여자든지 간에 서로 와서 일하고 싶도록 만들었습니다. 여자도 전문직으로 일해야 하기 때문에 결혼과 함께 사직하도록 한 회사 규칙을 없애는 일도 쉽지 않았습니다. 지금은 상상도 할 수 없는 일이겠지만, 그때는 여자가 결혼하고도 왜 일을 계속해야 하는지에 대해 여러 가지 이유와 명분을 만들어 회사를 설득하기가 얼마나 힘들었는지 모릅니다.

나는 외국에서 내 나라의 분단과 가난에 대해 가슴 아파했었기 때문에 한 나라의 경제 발전에 기여할 수 있는 기업의 역할에 많은 기대를 갖고 있었습니다. 일본 제품에 대한 외국인들의 신뢰를 무척이나 부러워했

던 나는 좋은 제품을 개발하고 싶은 열망으로 가득 차 있었습니다. 태평양화학에서 미용연구 실장으로, 그리고 상품개발담당 상무로 일해온 긴 세월 동안 나는 원없이 많은 제품을 개발했습니다.

시세이도와의 기술제휴를 비롯해 좋은 제품 개발에 도움이 되기 위해서는 외국 회사들하고의 업무 관계가 참 중요했습니다. 하지만 국제화에 대한 인식이 거의 없던 시절이어서 여러 사람들과 함께 공감하면서 일할 수 없었고, 그래서 절망스럽기도 했습니다. 그렇지만 내가 확신을 갖게 된 일이라면, 모두가 불가능하다며 반대를 해도 나는 이겨낼 수 있었습니다. 그래서 나를 끝까지 믿어주셨던 서성환 회장님을 잊을 수 없습니다.

일이 너무 힘들 때면, 내가 좋아하는 시와 그림을 찾았고 외할머니의 산솟가나 한강을 찾는 것이 나의 일상적인 습관이었습니다. 혼자만의 시간 속에서 고요함에 나를 맡기고 있으면 누군가가 나를 감싸안으며 돕는 것 같았습니다. 인간 관계의 갈등으로 나를 채우고 있던 불신과 의심의 경박스러운 감정들이 사라지고 편안해졌습니다. 엉망진창이 되었던 감정도 진정되고, 마구 엉켜 있던 생각들도 정리되면서 뜻밖의 좋은 해답을 얻을 수 있었습니다. 그리고 무언가 비밀스러운 신앙의 힘이 내 속에 가득 채워진 것 같아서 나는 다시 당당하게 일할 수 있었습니다.

신 앙

김소월

눈을 감고 잠잠히 생각하라
무거운 짐에 우는 목숨에는
받아가질 안식을 더하려고
반드시 힘있는 도움의 손이
그대들을 위하여 기다릴지니.

그러나 길은 다하고 날이 저무는가.
애처로운 인생이여
종소리는 배바삐 흔들리고
애꿎은 조가(弔歌)는 비껴 올 때
머리 수그리며 그대 탄식하리.

그러나 꿇어앉아 고요히
빌라 힘있게 경건하게.
그대의 맘 가운데
그대를 지키고 있는 아름다운 신을
높이 우러러 경배하라.

멍에는 괴롭고 짐은 무거워도
두드리던 문은 멀지 않아 열릴지니

가슴에 품고 있는 명멸의 그 등잔을
부드러운 예지의 기름으로
채우고 또 채우라.

그러하면 목숨의 봄 두던에
삶을 감사하는 높은 가지
잊었던 진리의 봉우리에 잎은 피어
신앙의 불 붙는 고운 잔디
그대의 헐벗은 영(靈)을 싸 덮으리.

아름다운 모든 것을 사랑한다

　화장품, 특히 신제품을 기획하고 개발하는 일을 해왔기 때문인지, 어떤 화장품이 가장 좋으냐는 질문을 참 많이 받았습니다. 비싼 화장품의 원료 값을 궁금해하기도 했습니다. 그러나 좋은 화장품에 대한 나의 확신은 그때나 지금이나 변함이 없습니다. 누군가의 기쁨이 되어야 한다는 분명한 목적을 갖고 태어난 제품이 가장 좋으며, 그 좋은 화장품은 한눈에 보아도 알 수 있을 뿐만 아니라, 사용 효과도 확실하다는 것입니다.

　소비산업, 특히 화장품은 아름다움에 대한 꿈이 현실과 만나는 것임으로 그 누군가의 기쁨을 생각하는 마음이 우선되어야만 합니다. 그래서 개발 과정에 여러 종류의 테스트와 품평을 거치게 되는데, 나는 많은 사람들이 그냥 막연하게 좋다고 하는 샘플보다는, 아주 소수라고 해도, 때로는 한 사람에게라도, 너무 너무 좋다는 반응이 나온 샘플을 선택해 연구하는 경우가 많았습니다. 한 사람에게라도 아주 깊은 신뢰를 줄 수 있는 제품만이 여러 사람들에게 좋은 영향력을 끼칠 수 있다는 믿음 때문이었습니다. 절대적 가치를 지닌 제품은 놀라운 생명력이 있어서 시간이 지날수록 다른 사람들에게 기쁨을 줄 수 있는 것입니다. 하지만 보이지 않는 진실이어서 다른 사람들을 설득하기는 참 힘든 일입니다.

어떤 제품을 개발할지에 대한 방향이 결정되고 나서도, 화장품으로 완성되어 소비자에게 가기까지는 많은 과정을 거치게 됩니다. 상품 기획, 연구소, 디자인, 생산, 영업, 광고, 교육 등 이해 관계가 서로 다른 분야의 일이 유기적으로 연관되어야만 합니다. 물론 모두의 의견 일치를 이루고 나서 일을 시작하는 것이 바람직하지만, 그것을 기대한다는 것은 어차피 불가능하다고 결론을 내릴 때가 자주 있었습니다. 또한 신제품은 적절한 시기에 개발되어야 경쟁력이 있기 때문에, 경우에 따라서는 온갖 반대를 무릅쓰고 원하는 일을 추진해야만 했습니다. 만약에 실패했을 때라도 비난의 대상이 분명할 뿐만 아니라, 스스로 책임질 수 있는 독선의 길을 선택할 수밖에 없었습니다. 그렇게 일하는 것이 전체를 위한 내 양심이라며 자기 합리화를 했습니다. 그럼에도 불구하고 내 주장이 너무 강해 사람들에게 상처를 주고 있다는 자책감이 들면 괴롭고 고통스러웠습니다. 그럴 때면 반대하기 위해 다수를 이용하려는 부정적인 힘이 더 무섭고, 비겁하다는 생각으로 자신을 격려하기도 했습니다.

나는 책임의 한계가 모호해지는 의사 결정에는 참을 수 없는 분노를 느꼈던 것 같습니다. 다수에 의한 의사 결정이 옳기 위해서는, 주관이 뚜렷한 개개인의 의식 속에 아무런 인과 관계나 어떠한 의도와도 연속성이 없는 사고체계가 확립되어 있어야만 한다고 생각했습니다. 그러한 전제 조건이 우선되지 않는다면, 결국 어느 누구라도 조정자가 되어 그들을 움직일 수 있기 때문입니다.

보편적인 시장 조사를 위한 설문지라고 해도, 작성자의 의도에 따라 조사 결과는 다르게 나타날 수 있습니다. 양자물리학에서도 소립자를 대상으로 실험할 때, 관찰자의 의도를 비롯한 갖가지 실험 조건에 따라 그 결과가 달라진다고 했습니다. 소립자의 수도 그 소립자를 관찰하는 사람이 관찰을 시작할 때 비로소 결정된다고 하는데, 이것을 '불확정성 원리'라고 합니다. 따라서 자연과학이 믿어온 것들에서도 주체와 객체, 물질과 정신을 분리해 주어진 조건을 정확히 알고 관찰하면 결과는 언제나 예측할 수 있다는 것과, 구체적인 모든 부분을 이해하면 대상 전체를 알 수 있다는 학설은 무너진 것입니다.

어쨌거나 나는 그러한 과학적 근거와는 상관없이 물질과 정신을 완전히 분리할 수 없다는 믿음을 갖고 있습니다. 그렇기 때문에 절대적 신념을 갖고 개발하는 제품이 가장 우수할 수밖에 없다고 확신하지만, 통계에 의한 객관적인 자료로써 증명할 길은 없었습니다. 아무튼 간절함이 깃들어 있는 모든 것은 바라만 보아도 기분이 좋아집니다. 그래서 소유하고 싶어지는 이끌림은 예술 작품뿐만 아니라, 상품에도 마찬가지로 작용한다고 생각합니다.

화장품을 사용하는 사람도 제품에 대한 기대치와 신뢰도에 따라, 실제로 피부에 나타나는 사용 효과가 달라지기도 합니다. 여러 가지 방법으로 실험하며 얻은 결과를 대할 때마다, 사물을 대하는 정신의 힘이 얼마나 중요한지 알 수 있었습니다. 그렇기에 시장 경쟁이 치열해질수록 상품뿐만 아니라, 회사의 이미지를 위해서도 많은 투자를 하는 것입니다. 그러나 우선은 그 대상이 지니고 있는 것의 근본이 진실해야 합니다. 절실하고도 순수한 관심, 그러한 열정으로 만들어지지 않았다면, 그저 얄팍한 상술일 뿐입니다. 어떠한 마케팅 전략이나 광고도 처음의 목적, 그 본질과 상관없이 마지막 포장 단계만을 과장해서는 좋은 이미지가 형성될 수 없습니다. 일시적인 기억 효과야 있겠지만, 더 이상의 의미는 없을 것이기 때문입니다.

물론 어떤 상품은 영업 능력이나 혹은 구매 충동을 일으키는 성공적인 광고 덕분으로 성공한 듯 보이기도 합니다. 그러나 사용자에게 어떤 기쁨을 줄 수 있는지, 그 목적이 분명하지 않은 제품에는 생명력이 없으므로 결국 시장에서 사라지고 맙니다. 나는 사물이나 자연이나, 혹은 생명이 있거나 없거나, 세상의 모든 것은 창조의 선한 목적이 있음으로 존재 가치가 있다고 생각합니다.

새로운 화장품을 개발하는 일도 실재하지 않는 것을 바라는 간절한 마음이 어떤 목적을 갖게 됨으로써, 그 생각을 현실에서 구체적으로 이루는 것입니다. 지난 세월 내내, 나는 화장품을 개발하면서 아름다움을 창조하고 싶어 했습니다. 누군가의 기쁨을 생각하며 일했지만, 정작 나의 처음 이전에, 나를 계획하셨던 절대 존재의 창조 목적은 인식하지 못하고 살았습니다. 무한한 사랑으로 나를 세상에 내보내시고, 누군가의 기쁨이 되기를 기다리셨다는 것도 몰랐습니다. 지나간 세월을 돌이켜볼수록, 나의 교만함을 불쌍히 여기시며 나를 바라보시던 그분의 깊은 슬픔이 느껴집니다.

아름다운 모든 것을 사랑한다

로버트 브리지스(Robert S. Bridges)

내 모든 아름다운 것을 사랑하여
그것을 찾으며 또한 숭배하느니
신인들 그보다 더 찬미할 게 무엇이랴
사람은 그 바쁜 나날 속에서도
아름다움으로 해서 영예로운 것

나 또한 무엇인가 창조하여
아름다움의 창조를 즐기려 하느니
그 아름다움이 비록 내일 오게 되어
잠을 깬 뒤에 기억에만 남아 있는
한낱 꿈속의 빈말 같다고 해도.

아기별님

　새벽을 기다리던 어젯밤은 유난히 길었지만, 오늘 아침 해는 어둠의 흔적조차 없이 눈부시게 밝았습니다. 그러나 나는 오전 내내 속상한 일에 시달리다가 너무 화가 나서 점심도 거른 채 외할머니의 산솟가를 찾아 나섰습니다. 온유와 평화를 느끼고 싶었기 때문입니다.

　할머니의 극진한 사랑이 그리워 찾아왔다며 인사드리고 나니, 아무리 힘들어도 꿈을 잃지 말라는 당부 말씀이 들리는 듯했습니다. 오늘같이 내가 사람들에게 화를 많이 내는 잘못을 저질렀어도, 할머니께서는 여전히 내가 너무 착하다며 걱정하시는 것 같았습니다. 나는 이미 무언가 용서받은 것 같아서 편안해지고 있었습니다.

　그러나 묘비에 씌어진, 할머니께서 세상을 떠나신 날짜를 바라보고 있으면 언제라도 눈물이 흐릅니다. 나를 그토록 보고 싶어 하셨다는데, 나는 할머니의 임종도 지키지 못하고 미국에 있었기 때문입니다. 누워 앓고 계시면서도 내 사진뿐만 아니라, 잡지나 신문 등에서 나와 비슷하게 생겼다고 느껴지는 인물 사진들까지 모두 오려서 요 밑에 넣어두고 자주 꺼내 보셨다고 합니다.

할머니의 사랑을 넘치도록 받았다는 생각으로 하늘을 바라보니 참 아름다운 세상이었습니다. 묘비 너머로는 푸른 하늘이 넉넉한 마음처럼 넓게 보이고, 5월의 햇살은 할머니의 생전 모습처럼 무척이나 맑고 따뜻하게 느껴졌습니다. 산솟가에 심겨져 있던, 아주 조그마한 키의 장미나무 두 그루에는 어느 사이 일곱 송이의 붉은 장미가 활짝 피어 있었습니다. 조그마한 새 한 마리가 측백나무에 앉아 한참이나 지저귀다가 하늘 높이 날아가는 모습을 보며 즐거워했습니다. 나를 즐겁게 해준 그 새는 영원히 추락하지 않을 것이며, 먹이를 찾아냈을 때의 현실적인 본능처럼 파드닥거리다 급강하할 뿐, 다시 꿈을 찾아 날아가는 자유를 포기하지 않을 것입니다. 흰나비 한 마리도 내 옆의 잔디 위에 날아와 가만히 앉아 있었습니다. 접힌 날개 끝에는 밝은 회색빛을 띤 신비한 색상의 가는 무늬가 빛나고 있었는데, 얼마나 예뻤는지요.

시간이 많이 지나면서 산소 주위를 자세히 살펴보니 초여름의 잡초가 너무나 무성하게 자라나서 잔디가 거의 상해가고 있었습니다. 잔디뿐만 아니라, 죽어가는 회양목이며 옥향목 그리고 산소 주변의 나무들도 장마가 오기 전에 손질해 놓아야 할 것 같습니다.

산솟가의 능선을 따라 연하게 물들기 시작하는 석양빛을 받으며 언덕을 내려오는데, 남몰래 혼자 부르던 어릴 적 동요가 갑자기 생각났습니다.

"서산 너머 해님이 숨바꼭질할 때에 하늘나라 선녀님이 촛불 하나 켜 놨죠. 아니 아니 아니죠. 그건 촛불 아니라 저녁 먹고 놀러 나온 아기별님이지요."

오빠 생각

우리 오빠 말 타고 서울 가시며
비단 구두 사가지고 오신다더니

〈오빠 생각〉이라는 동요를 생각하면 가슴에 일렁이는 애잔한 그 무엇이 나를 정화시키는 듯합니다. 언제부터였는지는 확실하지 않지만, 아마도 내가 처음으로 누군가를 열심히 생각하기 시작했던 때였다고 생각합니다. 그때의 떨림이 너무도 두려워서, 그를 마음껏 좋아할 수 있는 나만의 세상을 시와 그림 그리고 음악 등에서 찾아야 했습니다.

무엇보다도 〈오빠 생각〉이라는 동요는 내가 무조건 의지하고 싶은 절대적 존재로서의 '오빠'와 그 오빠가 먼 길 떠나며 타고 가신, '말'에 대하여 어떤 환상을 갖게 해주었습니다. 운동이라고는 전혀 할 줄 모르는 내가 겁 없이 승마를 하게 된 것도 그 동요 때문이었습니다. 나는 말을 탈 때마다 동요 속의 오빠를 찾아 나선 것 같아서 항상 설레었습니다.

미국으로 떠나기 며칠 전쯤이었던 것 같습니다. 그 동요에 나오는 오빠가 신었을 마른 신 한 켤레와 그 오빠가 서울 가서 사셨을 비단 구두 한 켤레를 인사동 어느 골목에서 살 수 있었습니다. 그날 이후로 지금까지 소중하게 지니고 있는, 그 신발 두 켤레에는 알 수 없는 혈육 혹은 어느 절대자로 향했던 내 그리움이 배어 있습니다.

비단 구두 사가지고 온다며 떠나신 오빠를 기다리던 꿈속의 고향은 내 기다림의 영원한 의미이기도 합니다. 오빠가 말 타고 떠나시던 그 산골길에 흐드러지게 피었던 봄꽃들과 기다림 끝에 피어난 가을 코스모스들의 가녀린 모습들이 언덕 아래에 출렁이는 바다와 함께 눈앞에 아른거렸습니다.

지난 한 세월, 떠돌며 살았던 곳이 어디였던지 간에 그 신발 두 켤레는 내 방의 한구석에 항상 놓여 있었으며, 〈오빠 생각〉이라는 동요와 함께 내 꿈속의 고향을 아름답게 지켜주었습니다. 그 고향은 아마도 "내 가난하여 가진 것 오직 꿈뿐이라" 꿈속에서도 영원히 살아 숨쉬는 그리움이며, 내 영혼의 실체일 것입니다.

하늘의 옷감

예이츠(W. B. Yeats)

금빛과 은빛으로 단장한
하늘의 수놓은 옷감이 있다면
밤과 낮 흐릿한 저녁의
푸르고 어둡고 캄캄한 옷감이 있다면
그대의 발 아래 깔아드리련만.
내 가난하여 가진 것 오직 꿈뿐이라
그대 발 아래 그 꿈을 펴놓았소.
내 꿈을 밟고 가는 그대
사뿐히 밟으소서.

부치지 못한 편지

베토벤(Beethoven)의 바이올린 협주곡이 너무 좋아서 매일같이 듣고 또 듣던 한때가 있었습니다. 그 시절에 지니고 있었던 짝사랑에 대한 나의 오만과 편견이 생각납니다. 누군가를 사랑한다는 것은 서로 주고받을 수 있는 감정이 아니고, 향을 사르듯 스스로를 태우며 자기만의 향기와 빛깔을 만들어내는, 그러니까 그의 존재를 통해 내가 선을 향해 갈 수 있도록 기도하는 마음이라고 생각했습니다. 사랑의 영원성은 한 개인의 신성이거나 의지일 뿐, 상대적 인간 관계에서는 존재할 수 없다고 믿었습니다. 나는 사랑을 생각하다가, 순결한 사랑을 꿈꾸며 그리워하다가, 그 그리움에 지쳐 스스로 상처받았었는지도 모릅니다. 부치지 못한 옛날 편지를 읽으면서 지나간 세월 속의 나를 바라봅니다.

부치지 못한 편지

겨울 비바람 천지를 덮을 듯 한정 없이 몰아치고
무심하게 닫혀진 당신의 창가는 너무 추웠습니다.

그래도 내가 사랑하는 사람이여,
이 섭섭한 겨울이 지나가면 내 오랜 기다림으로
당신 창밖에는 핏빛의 꽃 한 송이 피어날 것입니다.
그 꽃 아프게 피어나도, 당신 손끝에 닿을 수 없음으로 애끓다가,
세상 천지에 오직 하나뿐인 향기가 되어 그저 가만히 있겠습니다.

꽃잎의 젖은 물기 모두 건조되고,
끝내는 회상만으로 남겨지는 마른 꽃잎 되어도,
숨 죽이며 당신을 기다리겠습니다.

어느 날의 바람으로 흔적도 없이 바스러지면,
그렇게 복종하며 얻는 체념의 기쁨으로
나는 조금씩 없어지다가 드디어 사라질 것입니다.
그동안의 기다림으로 내내 행복하였노라고
당신께 마지막 편지를 쓰겠습니다.

서　시

　　유학 시절의 대학 캠퍼스가 무척이나 그리워집니다. 겨울에는 흰 눈이 엄청나게 내렸으며, 여름날의 비바람은 어찌나 대단했는지 모릅니다. 그림 그리기가 끝나고 창문을 열던 어느 날의 새벽녘이 바로 어제 일 같습니다. 놀라운 기세로 몰아쳐 들어오던 비바람으로 창가의 이젤이 엎어지고, 밤새우며 그린 그림이 망가져버렸던 기막힌 날이었습니다.

　　그곳에는 공부하느라고 몸에 상처까지 내어가며 졸음을 참던 한심한 기억과 고국에서 오는 편지를 기다리느라 애태우던 애절함이 남아 있습니다. 그래도 그곳의 모든 것이 그립습니다.

　　가을 낙엽이 풍성하게 쌓여 있던 뒷동산의 오솔길을 다시 걷고 싶고, 도서관과 화실에서 바라보이던 밤하늘에 총총히 빛나던, 그 별들의 옛 모습도 다시 보고 싶습니다.

　대학 축구의 열풍과 함성도 그리워지고, 그곳 호숫가의 새벽 안개며 기숙사의 작은 방에 걸려 있던 고흐의 그림까지도 그립기만 합니다.

　옛날로 향한 그리움이 깊어질수록 내 자신을 아끼는 마음으로 살아오지 못한 것 같아서 안타깝기도 합니다.

　현실적인 삶을 전혀 모르던 시절에 갖게 되었던 치기 어린 애국심은 나에게 많은 혼돈을 주었던 것 같습니다.

　나는 국제 교환학생으로서, 한국 학생을 대표한다는 자의식 속에서 유학 생활을 시작했습니다. 한국의 독립과 평화를 위해 피 흘리며 도와주었다고 믿는 미국 학생들과 같이 공부하면서 내 나라에 대한 깊은 애정과 함께 자책감이 생겼습니다. 열심히 공부하는 한국 유학생들에게서 성공적인 개인의 삶을 추구하는 이기심이 느껴질 때는 왠지 서글펐으며 화도 났습니다.

　서로 도우며 독립운동을 할 수 있었던 일제시대의 젊음에 동경심을 갖기도 했으며, 그들이 하나되어 지녔을 애국심이 부러웠습니다. 분단된 조국을 지녔으면서도 아무것도 할 수 없는 내 젊음이 수치스럽고 부끄러워 참 많은 고민을 했었습니다.

　내 나라의 분단된 역사, 그 비극적 현실을 받아들이며 산다는 무력함 때문이었는지 당시의 베트남 전쟁은 내게 큰 영향을 주었습니다.

　베트남 친구들과 반전운동도 열심히 했으며, 종군기자가 되어 그 전쟁에 참전하고 싶어 얼마나 애를 썼는지 모릅니다. 베트남 전쟁으로 또 하나의 분단 국가가 생겨서는 절대로 안 된다는 것을 이 세상에 간곡히 알리고 싶었습니다. 종군기자가 되면 그 일을 할 수 있으리라고 믿었던 젊음이 내게 있었습니다.

    그 시절의 내 기숙사 방, 책상 앞 벽에는 고흐(Gogh)의 그림인 〈빈센트의 침실〉 복사판 사진과 내가 그린 밤하늘의 그림에 윤동주 시인의 〈서시〉를 적은 시화가 걸려 있었습니다.

서 시

윤동주

죽는 날까지 하늘을 우러러
한 점 부끄럼이 없기를,
잎새에 이는 바람에도
나는 괴로워했다
별을 노래하는 마음으로
모든 죽어가는 것을 사랑해야지
그리고 나한테 주어진 길을
걸어가야겠다

오늘 밤에도 별이 바람에 스치운다

즐거운 편지

    그를 생각하면 내가 걸어온 나의 길이 보입니다.
    그러니까 그를 처음 본 순간이 오늘도 걷고 있는 이 길의 시작이었습니다.
    열일곱 살의 내 생일날을 친구들이 축하해주고 있던 제과점에서 창가에 앉아 있던 그를 보았습니다. 참 이상하게도 스치듯이 바라본 그의 모습이 낯설지 않았습니다. 그러나 굳게 다문 그의 입술은 나를 긴장시켰으며, 내가 무슨 잘못이라도 저지른 듯한 당혹감을 갖게 했습니다. 그에게 곧 야단맞을 것 같은 느낌 때문에 가슴이 마구 뛰기 시작했고, 얼굴은 화끈 달아올랐습니다.
    그의 자리는 나와 몇 미터 떨어진 거리였음에도 불구하고, 그를 감싸고 있는 어떤 기운이 강하게 느껴져서 꼼짝할 수가 없었습니다.

지금까지도 알 수 없는 일이지만, 나는 그 신비한 열기 속으로 자꾸만 끌려들어 갔습니다. 눈빛이 마주쳤을 뿐인데도, 그는 나도 모르는 내 속의 모든 죄까지 알고 있는 절대자 같았습니다. 차라리 그에게로 가서 무릎을 꿇고 무언가 잘못했다고 고백하면 편안해질 것 같았습니다.

그의 친구가 내 자리로 다가와 나를 알고 싶어 했는데, 나는 취조관 앞의 죄인처럼 고개를 푹 숙인 채 그의 친구가 묻는 대로 나의 이름이며 학교 등을 자백하듯이 순순히 대답했습니다. 아마도 그의 친구를 통해 그에게 나를 성실히 알리고 싶었을 것입니다. 단 한마디도 거짓말을 하면 큰일 날 것 같았습니다. 친구들이 깔깔대고 웃으며 나를 놀렸고, 나는 울음이 터질 것 같아 어쩔 줄을 몰라 했습니다.

나는 그에 대해 아는 것이 전혀 없었지만, 그날 이후로 나는 무엇에 홀린 듯이 그를 생각하기 시작했습니다. 그러나 그를 무작정 생각한다는 것 이외에는 아무것도 할 수 없었으므로 그를 만난 제과점과 그 주변의 거리에 나의 모든 관심은 집중되었습니다.

그가 자주 지나쳤을 혹은 바라보았을, 그 거리의 모든 정경들이 그대로 아름다운 시와 그림이 되었습니다. 허름한 건물들이며 상점들의 간판 이름, 그리고 창가의 모습들까지 내게는 특별했고 소중했습니다.

그와의 우연한 만남을 기대하며 집에서 화실이 있던 명동까지 먼 거리를 걸어다니기 시작했습니다. 나의 바람이 컸던 때문이었는지 그렇게 오가다가 그를 가끔씩 만날 수 있었습니다. 아니, 만난 것이 아니라 거리에서 그를 우연히 볼 수 있었다는 것입니다. 그렇기 때문에 나는 무슨 일이 있어도 화실을 다녀야 했으며, 더욱더 그림 그리기를 좋아했습니다. 멀리서라도 그의 모습을 볼 수 있다는 것은 기쁨이긴 했어도, 그의 시선을 받기 전에 도망치듯 피했습니다. 그와 마주친다는 것은 너무나 떨리는 일이어서 감당할 수 없었기 때문입니다.

내 시야에 그가 들어오면 온몸의 무게가 없어지고 머리가 텅 비는 듯한 새하얀 느낌 때문에 우선은 숨을 수밖에 없었습니다.

나는 그때부터 시와 그림에서 나만의 편안한 세계를 찾기 시작했으며, 그 속에서 누군가를 마음껏 좋아하는 법을 배우게 되었던 것 같습니다. 화실에서는 '아그리파' 석고상이 그가 되었으며, 〈오빠 생각〉이라는 동요와 시슬리(Sisly)의 풍경화에서도 그를 만날 수 있었습니다. 마음을 다해 좋아한다는 것이 무엇인지 처음으로 경험하면서도, 그로부터 받을 생각은 차마 하지 못했습니다.

그 거리에 바람이 불고, 비가 오고, 눈이 내리는 세월이 흘러가는 동안 서로 마주치기도 했었습니다. 피할 겨를도 없이 그와 마주치는 어느 순간을 맞이할 때면, 나는 놀라움과 긴장으로 고개를 숙였습니다. 그도 아무 말은 하지 않았지만, 내게 특별한 관심을 갖고 있었던 것 같습니다.

내가 국제 교환학생으로 미국 유학을 가게 된 것을 어떻게 알았는지 그에게서 전화가 왔으며, 이성하고 처음으로 만나게 되었습니다.

그와 만나기로 한 다방은 광화문, 그 거리에 있었습니다. 지금과 같은 커피숍이나 카페가 없던, 그 시대의 지하다방이었습니다.

두렵고 두근거리는 마음으로 층계를 내려갈 때, 가슴도 다리도 너무 떨려서 얼마나 조심스러웠는지 처음으로 걸음마를 배우는 것 같았습니다. 그 다방의 유리문을 열고 들어서는 순간, 눈앞이 캄캄했던 기억은 지금까지도 강렬하게 남아 있습니다. 입구에서 한참을 서 있었는데도 아무것도 보이지 않아 어찌할 바를 몰랐습니다.

정말이지 아무것도 보이지 않았기에 더 이상은 한 걸음도 뗄 수 없었습니다. 그냥 가만히 서서 쩔쩔매고 있는데 그가 빛으로 다가왔습니다. 신기하게도 어둠을 배경으로 그의 모습만 보였습니다. 그때의 그 안도감이 너무나 충격적이어서 나는 울고 말았습니다. 어이없는 일이었지만, 극도의 긴장이 풀어지는 순간이기도 했습니다.

그와 나는 아무 말도 하지 못하고 앉아 있다가 겨우 서로의 주소를 주고받으며, 편지를 하기로 약속했습니다. 그는 〈What am I living for〉란 곡이 들어 있는 레코드판을 내게 선물로 주었습니다. 그가 좋아하는 음악들이라고 했으므로 그를 생각할 수 있는 절대의 대상이 또 하나 생겼던 것입니다.

그렇게 그를 만나던 날의 기억은 빛과 어둠이어서 렘브란트(Rembrandt)의 그림 같았습니다. 그 지하다방에 있던 사람들과 모든 사물들이 어둠 속으로 사라지고, 빛으로 기억되는 그의 모습과 그를 바라보는 나만이 이 세상에 남겨진 듯했습니다. 나의 깊은 곳으로 스며든 그의 빛은 나에게 순결한 약속이 되었습니다. 그 순결의 의미가 어떤 운명을 예감하는 것인지 그때는 몰랐습니다.

아무튼 그와의 만남 이후로는 세상의 낯선 사람들이 이상하리만치 두려워졌으며, 그들의 시선조차도 무조건 피하고 싶어 했습니다. 그래서 아예 고개를 숙이고 다니는 이상한 버릇이 생기게 되었습니다.

그해 여름에 나는 미국으로 떠났습니다. 더 이상 그를 우연히라도 만날 수 없는 먼 곳에서 처음으로 편지를 썼습니다. 어느 시인의 시에서처럼 "쉽게 잠들지 못하던 밤에, 눈앞에 구슬같이 모이던 내 나라" 생각의 중심에는 그를 보고 싶어 하는 마음이 이미 아픔이 되고 있었습니다. 언제쯤 그의 편지가 도착할지 기다리는 마음으로 바라보던 달력 속의 무심한 숫자들이 가슴속에 화인처럼 새겨지기 시작했던 것입니다.

그에게 선물받은 음악을 듣고 또 들으면서 참 많이도 울었는데, 울다가 지치면 밤을 새우며 그림을 그렸습니다. 〈바위나리와 아기별〉이라는 동화에 나오는 나의 별을 찾았으며, 투명 인간이 되어 그를 만나거나 나비나 새가 되어 그에게로 날아가기도 했습니다. 그 모든 것은 나의 그림이 되었으며, 그를 생각한다는 것이 그리움인 줄도 알게 되었습니다. 아마도 그 시절의 나는 '즐거운 편지를' 기다리며, "내 나의 사랑을 한없이 잇닿은 그 기다림으로 바꾸어버린 데" 있었는지도 모릅니다.

즐거운 편지

황동규

1

내 그대를 생각함은 항상 그대가 앉아 있는 배경에서 해가 지고 바람이 부는 일처럼 사소한 일일 것이나 언젠가 그대가 한없이 괴로움 속을 헤매일 때에 오랫동안 전해오던 그 사소함으로 그대를 불러보리라.

2

진실로 진실로 내가 그대를 사랑하는 까닭은 내 나의 사랑을 한없이 잇닿은 그 기다림으로 바꾸어버린 데 있었다. 밤이 들면서 골짜기엔 눈이 퍼붓기 시작했다. 내 사랑도 어디쯤에선 반드시 그칠 것을 믿는다. 다만 그때 내 기다림의 자세를 생각하는 것뿐이다. 그동안에 눈이 그치고 꽃이 피어나고 낙엽이 떨어지고 또 눈이 퍼붓고 할 것을 믿는다.

기다림

    고국을 처음 떠났던 그해, 나는 틈만 나면 화장실을 들락거리며 세수를 자주 했습니다. 물을 틀어놓고 세수할 때는 숨죽일 것도 없이 실컷 울 수 있었기 때문입니다. 특히 학교 수업이 없는 토요일에는 기숙사방 창가에 꼼짝 않고 앉아서 우체국 차를 기다리며 참 많이도 울었습니다. 대부분의 경우 오전 10시에서 11시 사이였는데, 창밖 멀리 우체국 차가 보이면 너무나 반갑고 떨려서 눈물이 저절로 흘렀습니다. 편지를 받는 날은 기쁨에 겨워, 아무런 편지가 없는 날은 슬픔으로 그저 울기만 하던 나날들이었습니다. 편지를 기다리는 하루하루가 가슴앓이였고 철없던 시절이었지만, 다시 돌아갈 수 없는 순수의 세계가 지금은 그리워집니다.

    우체국 차가 오는 길은 내 기다림의 길이었습니다.

길 양쪽에 늘어서 있던 나무들의 초록 잎에 단풍이 들고 가을이 깊어졌을 때부터는, 그 길가에 나가서 그림을 그리며 편지를 기다렸습니다. 그림 그리기는 내 마음을 털어놓을 수 있었던 유일한 대상이었습니다. 그래서인지 나는 지금도 그림을 바라보면 시가 읽혀지고, 시를 읽으면 그림이 보입니다. 시와 그림에 배어 있는 그리움은 그 자체가 인간의 진심이어서 숨길 수가 없는 것 같습니다.

몇 차례의 차가운 비바람으로 쏟아져 내린 낙엽이 내 기다림의 길을 덮더니 겨울이 되었고, 나는 겨울 나무를 좋아하게 되었습니다. 나처럼 외롭고 쓸쓸해 보였는데, 그래도 무엇인가 한없이 기다리고 있는 모습에서 위로를 받을 수 있었습니다. 더군다나 무성했던 나뭇잎들이 다 떨어지고 나니, 교정에 들어서는 우체국 차가 멀리서도 잘 보여 겨울 나무를 더욱더 좋아했습니다.

겨울 학기는 호스트 패밀리(Host Family) 집에서 지내게 되었는데, 나는 자주 그 집의 지하실에서 밤을 새우며 그림을 그렸습니다. 그러던 어느 날부터 크리스마스 캐럴이 들리기 시작하더니, 집집마다 지붕에서부터 창문이며 정원의 나무들까지 일일이 색색의 전구를 달아 한밤중에도 대낮처럼 환했습니다. 크리스마스 장식으로 온 동네가 꽃대궐같이 화려했던 낯선 풍경을 보면서, 처음으로 내 나라에 대한 연민이 생겼습니다. 밤새도록 전기를 켜놓는 것을 보면서 내 나라가 참 가난하다는 것도 알게 되었습니다. 그때까지의 고국 생각은 나의 추억에 의한, 그리운 '내 나라'가 전부였습니다.

그러나 그 한 해를 보내면서부터는 분단되고 가난한 '우리나라'를 심각하게 생각하기 시작했고, 국제 사회 속에 존재하는 '한국'을 알고 싶어 했습니다. 나의 의식세계를 객관화시키며 세상을 바라보게 되면서 '내나라'보다는 '우리나라', 또 그보다는 '한국' 여자로 산다는 것에 책임감을 느끼게 되었던 것 같습니다.

기다림

조지훈

고운 임 먼 곳에 계시기
내 마음 애련하오나

먼 곳에나마 그리운 이 있어
내 마음 밝아라.

설운 세상에 눈물 많음을
어이 자랑삼으리.

먼 훗날 그때까지 임 오실 때까지
말없이 웃으며 사오리다.

부질없는 목숨 진흙에 던져
임 오시는 길녘에 피고져라.

높거신 임의 모습 뵈올 양이면
이내 시든다 설울 리야……

어두운 밤하늘에
고운 별아.

　　조지훈 시인의 시 〈기다림〉을 그림으로 표현하던 그해 겨울밤에는, 먼 곳에 계신 고운 임이 고국처럼 느껴져서 비장한 애국심을 가져보기도 했었습니다.
　　그러나 이제 한 세월이 지나고 나니, 내가 돌아가 쉬고 싶은 곳은 아름답고 따뜻한 내 마음의 고향뿐인 것 같습니다. 자꾸만 생각나는 옛날이 다 지나고 나면, 아무런 근심 걱정 없는 그곳이 희미하게라도 보일 것입니다.

젊음의 열정

　외국에서의 대학 시절은 나에게 특별한 경험을 갖게 해주었습니다.
　삶의 목적 의식이나 내 개인의 미래 희망에 대해서는 생각해본 적조차 없이 고국을 떠났었기 때문에, 내가 좋아하는 그림 그리기와 추억할 수 있는 내 나라가 세상의 중심이었습니다. 나는 내 나라의 유학생이었지만, 그들은 내가 전쟁 고아로 미국에 입양되었다가 대학생이 되었느냐고 궁금해하기도 했습니다. 입양 고아가 아니라고 해도 외국에서의 나는 비참한 민족 전쟁을 겪은 가난한 나라, 한국에서 온 학생일 뿐이었습니다. 그때부터 '내 나라'보다는 '우리나라'를 생각하게 되었으며, 우리나라를 객관화시키면서 세계 속의 '한국'을 바라보기 시작했습니다. 약소국가의 비애가 무엇인지 비로소 알 것 같았으며, 한국의 근대사와 한국 전쟁이 얼마나 수치스러운 비극인지도 고국을 떠나고 나서야 깊이 느끼게 된 것입니다.

　같은 민족끼리 피 흘리며 서로 죽이고 죽어간 한국 전쟁의 기원에 대해 외국 학생들과 밤을 새우며 토론하다 보니, 조국은 내 연민의 대상이 되었습니다. 그것은 예기치 못했던 아픔이었지만, 조국이 존재한다는 것만으로도 나는 너무나 감사했습니다. 그러나 내 나라의 분단에 아무 생각 없이 익숙해져 있었던 자신이 너무나 부끄러웠으며, 무엇을 꿈꾸며 공부하고 있는 젊음인지 한심했습니다. 부유하고 강한 힘의 나라, 미국에 선택받아 온 유학생들이라면 내 나라의 통일에 조금이라도 도움이 될 수 있는 일을 할 수 있어야 한다고 생각했습니다. 그 생각으로 괴로워하던 나는 대학 생활의 편안함이나 즐거움을 꿈꾸어본 적이 없었습니다. 내가 만약에 한국에 있었다면 친구들과 어울리며 재미있게 지냈을지도 모르지만, 나는 고향을 떠나 있었고, 나의 길을 혼자 걷고 있었습니다.

　그때는 베트남 전쟁이 한창이었기 때문에 베트남에서 유학 온 친구들에게 특별한 관심을 갖게 되었던 것 같습니다. 그들의 애국심이 얼마나 상처받고 있을지 생각하다 보니 멀리서 바라만 보아도 가슴이 아팠습니다. 그냥 가슴이 아프다는 것, 많이 아프다는 것이 무엇인지 매일같이 느끼고 있었는데, 한편으로는 조국을 위해 무언가 할 수 있는 그들의 상황이 부럽기도 했습니다. 내가 할 수 있는 일이 있다면 학업을 포기하고라도 그들을 돕고 싶었는데, 내 나라 사람들뿐만 아니라 그들조차도 나를 이해할 수 없어 했습니다.

나는 베트남 전쟁으로 이 세상에 또 하나의 분단 국가가 생기면 안 된다고 세상에 간곡히 알리고 싶었습니다. 경비행기를 조종할 줄 아는 종군기자가 되면 그 일을 할 수 있으리라고 생각했습니다. 그래서 여기저기 쫓아다니며 노력했지만, 몸이 약하다는 이유로 비행기 운전을 배울 수 없었습니다. 그리고 한국 국적의 젊은 여자가 종군기자로 선택되는 일이 어렵다는 것도 알게 되었습니다. 그럼에도 불구하고 내 젊음의 열정은 전쟁터에 가겠다는 생각만으로 꽉 차 있었습니다. 전쟁터에 가 있으면 종군기자의 역할을 할 수 있을 것 같았고, 종군기자가 될 수 없다면 자유기고가라도 되고 싶었습니다. 분단된 조국을 갖고 있는 한국 학생으로서, 무슨 일이 있어도, 무엇이 되어서라도, 동족 전쟁의 비극이 무엇인지 국제 사회에 알려야 한다는 의지뿐이었습니다.

그러나 우선은 베트남 전쟁터에 갈 수 있는 길을 찾아야 했고, 결국에는 미국 항공사의 여승무원이 되었습니다. 한 달에 한 번씩은 의무적으로 베트남의 캄남 만을 오가는 군용기를 타야 했기 때문에 좋은 기회라고 생각했습니다. 무엇보다도 그곳에 가면 현지 사정에 대해 자세히 알아볼 수 있을 것이고, 공항에서 빠져나갈 수 있는 방법도 찾을 수 있을 것 같았습니다. 합법적이지 못한 일을 저질러야 한다는 양심의 가책과 부모님을 향한 죄의식으로 갈등했지만, 내 나라는 휴전 중이고 연장선상의 의미에서 베트남은 전쟁 중이므로 나는 용서받을 수 있다고 생각했습니다.

군용기를 타면 모든 승객들이 내 나이 또래의 젊은 군인들뿐이었는데, 그들을 태우고 전쟁터로 가는 일 또한 가슴 아팠습니다. 사랑하는 사람들과 헤어져 전쟁터로 떠나는 그들의 눈빛은 깊은 슬픔이어서 나는 자꾸만 눈물이 났습니다. 마음이 약해질 때마다 '나도 너희들처럼 죽음을 각오하고 전쟁터에 갈 것이다.'를 스스로에게 다짐하며 강해져야 했습니다. 견딜 수 없는 불안과 공포로 환각제 같은 약을 먹고 기내에서 쓰러지는 병사들도 있었습니다. 그들은 베트남 전쟁에 아무런 의미도 갖고 있지 않았지만, 안쓰러움에 대한 기억은 아직도 잊을 수 없습니다.

군용기는 주로 한밤중에 도착했다가 몇 시간 후에는 베트남에서 부상당한 병사들을 태우고 다시 떠났습니다. 전쟁에서 살아남아 고향으로 돌아가는 병사들은 부상당한 몸으로도 기쁨이 넘치는 들뜬 표정들이었습니다. 비행기가 이륙할 때면 그들은 어김없이 미국 국가를 목이 터져라 불렀는데, 국가를 부르는 그들의 눈에도 눈물이 고였습니다.

아무튼 캄남 만에 도착해도 승무원들은 공항 밖으로 나갈 수 없었기 때문에 나를 도와줄 수 있는 사람을 찾기 시작했습니다. 군용기가 착륙하고 군인들이 모두 떠나고 나면, 바닷가에 접한 공항의 활주로는 어둠뿐이었으며 승무원들은 식당과 휴게실이 있는 임시 건물까지만 갈 수 있었습니다. 그런데 그곳에서 일하는 사람들은 모두 미국 군인들이었고, 기대했던 베트남 사람은 보이지도 않았습니다.

공항에 도착하면 나의 계획을 누구와 의논해야 좋을지 난감하기만 했었는데, 우연히 내 나라 사람을 만나게 되어 얼마나 반가웠는지 모릅니다. 그는 우리나라에서 태어난 한국인이지만, 미국의 군인으로 베트남 전쟁에 참전해 공항에서 전기 관련 일을 하고 있었습니다. 그 사람은 내

비행 일정에 맞추어 일부러 일하기도 했으며, 공항에서 대기하는 몇 시간을 편안히 지낼 수 있도록 여러 가지로 보살펴 주었습니다. 공항 식당에서 한국 음식도 먹을 수 있게 해주었고, 내가 좋아하는 음악도 틀어주었습니다. 그때 자주 들을 수 있었던 〈Lost love〉와 〈Stand by me〉라는 팝송은 캄캄했던 캄남 만의 공항 활주로와 함께 잊혀지지 않는 나의 난감한 추억을 담고 있습니다.

나는 드디어 내가 원하는 것이 무엇인지 조심스럽게 얘기하기 시작했습니다. 그 사람은 내가 애인을 찾아 전쟁터에 가려는 줄 알고 나를 설득하려 했지만, 결국에는 내 진실을 이해하고 나의 단호한 의지에 공감하는 듯했습니다. 그래서 나는 안심했으며 그 사람이 약속한 어느 날의 기회를 기다리고 있었습니다.

나를 도와주리라 굳게 믿었던 그 사람은 모든 일을 비밀스럽게 처리해 나는 갑자기 서울로 가는 비행기를 타게 되었습니다. 그리고 그 비행을 마지막으로 나는 승무원 일을 그만두어야 했습니다. 결국 전쟁터는 고사하고, 베트남의 캄남 만 공항에도 더 이상 갈 수 없게 된 것입니다.

그토록 간절했던 내 열망은 젊은 날의 짝사랑처럼 이룰 수 없는 꿈이 되었으며, 생각만으로 끝났던 것입니다. 그후 나는 오랫동안 방황했습니다. 지금 돌이켜 생각해보면, 내가 얼마나 무모했는지 어이없게 느껴지기도 합니다. 그러나 나를 열광케 했던 애국심과 정의감의 정체가 무엇이었든 간에 나는 채워져 있었음으로 항상 당당했으며, 아무런 두려움도 없었습니다.

결혼해 아이를 낳아 키우며 일하느라 정신없이 살아왔지만, 한편으로는 내 안에서 무언가 참된 것이 끊임없이 죽어가고 있다는 느낌으로 내내 불안했습니다. 그래서인지 세월이 지날수록 한때의 젊음이 자꾸만 그리워지는 것 같습니다. 그때만큼은 나의 모든 관심이 내 자신의 삶보다는 세상을 향한 시선 속에 있었습니다. 그러나 세상의 모순된 일보다는 자신을 극복하는 일이, 세상을 향한 사랑보다도 단 한 사람을 사랑하는 일이, 그리고 자신을 사랑하는 일이 얼마나 더 힘들고 어려운지 그때는 미처 몰랐습니다.

순수를 꿈꾸던 그 시절, 우연히 읽게 된 앙드레 지드(André Gide)의 《지상의 양식》이란 책에서 내 젊음은 열정을 만났던 것 같습니다. 한 세월이 지났지만 지금도 현실을 사는 일에 지치고 약해질 때면, 그 책의 이곳저곳을 다시 읽으며 젊은날의 나를 찾아 의지하기도 합니다.

나타나엘이여, 공감이 아니고 사랑이어야 한다. 중요한 것은 네 마음의 시선 속에 있어야 한다. 행동의 선악을 판단하려 하지 말고 행동해야 한다. 선이나 악에 마음 두지 말고 사랑하는 것이다.

나타나엘이여, 나는 네게 열정을 가르쳐주마. 편안한 나날을 보내는 것보다는 차라리 비장한 삶을 택하라. 나는 죽어 잠드는 휴식 이외의 어떠한 휴식도 바라지 않는다. 내가 살아서 못 다한 젊음의 열망이 내 죽음 이후에까지 남아서 나를 괴롭히게 되지 않을까 두렵다. 내 속에서 원하고 있는 모든 것을 이 땅 위에 털어놓고 나서 더 이상 바랄 것이 없는, 빈 몸의 완전한 절망 속에서 죽기를 나는 희망한다.

그러나 나타나엘이여, 동정이 아니고 사랑이어야 한다. 너의 순수한 열정은 소유에 있지 않다. 인생에는 다른 사람이 그대만큼 잘할 수 있는 그런 일, 그러한 인생을 너는 절대로 택해서는 안 된다. 네 자신의 진실, 그 느낌에만 집착하는 일만이 전부이다.

앙드레 지드의 〈지상의 양식〉 중에서

길

    한낮이 되었는데도 어둡기만 한 하늘에서는 비만 하염없이 내리고 있습니다. 오랜 가뭄 끝에 단비가 내리기 시작하더니 바람까지 몰고온 비가 며칠째 엄청나게 쏟아지고 있습니다. 지난밤에도 퉁소를 부는 듯한 소리를 내면서 바람은 밤새 울었습니다.

    아침 일찍 연구소에 내려갔다가 서울로 돌아오는 길목에서 천호대교를 지나 모란공원 쪽으로 가게 되었습니다. 차의 속도 때문에 흐르지도 못하는 빗줄기 속을 가르며 무작정 찾아가서 쉬고 싶은 곳이 있어 행복했습니다.

    사람들에게 지쳤을 때, 아무도 기다려주지 않는 외할머니의 산솟가에 가면 편안해집니다. 세상 떠난 어느 외로운 영혼들을 위해 기도하다 보면, 어디에선가 세상일을 너무 힘들어하지 말라는 소리가 들려오는 듯해서 위로받게 됩니다.

황토의 진흙길이 정겨웠으며, 억수같이 쏟아지는 빗줄기를 어떻게 피했는지, 그래도 들려오는 뻐꾸기 소리가 그저 반가웠습니다. 〈오빠 생각〉의 동요에서처럼, 뻐꾹 뻐꾹 뻐꾹새는 숲 속에서 울고 있었습니다. 장미 꽃잎은 비바람에 흩어져 날아갔지만, 그 꽃 예쁘게 피었을 때 들려오던 소리, 바라만 보고 만지지는 말라는 꽃의 애원은 여전히 들리는 듯했습니다.

어두운 비가 마냥 내리는데, 묘비 너머로 언덕 아래에서는 세상의 모든 인연과 헤어지는 누군가의 입관식이 끝나가고 있었습니다. 세상에 남겨진 사람들의 애끓는 울음소리와 함께 들려오는 찬송가 〈오늘 이 세상 떠난〉을 나도 따라 부르며 울었습니다.

주님 믿고 살아온 그 보람 주소서
주님의 품에 받아 위로해주소서
주여 이 영혼에게 안식을 주소서
영원한 안식 주시어 잠들게 하소서
세상의 온갖 수고 생각해주소서
주께서 불러 가신 이 영혼을 보소서
이 세상 살 때 주님께 애원하였으니
주여 그 애원 들어 편안케 하소서

실컷 울고 나니 언젠가는 누구나 떠나는 길을 나도 걸어가고 있다는 생각이 들었고, 그래서 편안해졌습니다.

산솟가의 모든 비석에는 그 사람의 처음과 마지막 날이 적혀 있습니다. 그러니까 모두가 처음에서 마지막으로 가는 길을 누군가와 걸었다는 것입니다. 그래서 산솟가에 바람이 불면, "그 놀라운 처음의 새로움을 기억하느냐"라는 영혼의 소리가 들리는 것 같아서 경건해집니다. 결국 우리는 모두 같은 길 걸어가며, 같이 저녁을 맞으며, 같이 늙어가고 있는 것입니다.

길

마종기

높고 화려했던 등대는 착각이었을까.
가고 싶은 항구는 찬비에 젖어서 지고
아직 믿기지는 않지만
망망한 바다에도 길이 있다는구나.
같이 늙어가는 사람아,
들리냐.

바닷바람은 속살같이 부드럽고

잔 물살들 서로 만나 인사 나눌 때
물안개에 덮인 집이 불을 낮추고
검푸른 바깥이 천천히 밝아왔다.
같이 저녁을 맞는 사람아,
들리냐.

우리들도 처음에는 모두 새로웠다.
그 놀라운 처음의 새로움을 기억하느냐,
끊어질 듯 가늘고 가쁜 숨소리 따라
피 흘리던 만조의 바다가 신선해졌다.

나는 내가 살아 있다는 것을 몰랐다.
저기 누군가 귀를 세우고 듣는다.
멀리까지 마중 나온 바다의 문 열리고
이승을 건너서, 집 없는 추위를 지나서
같은 길 걸어가는 사람아,
들리냐.

상처_깊은 잠에서 깨어나다

　시 〈그림 그리기〉를 읽고 나서부터 시작된 나의 회상이 어디에선가 막히는 것 같은 느낌이 들 때마다, 혹은 무언가 생각이 날 듯하면 몸이 아프기 시작했습니다. 어릴 적과 외할머니께 받은 특별한 사랑, 처음으로 누군가를 생각하고 그리워하던 마음과 그림 그리기, 유학 시절의 치기 어린 애국심과 배트남 전쟁의 영향, 결혼하고 내 아이가 태어났을 때의 그 경이로운 신비, 그 어마어마한 기쁨과 함께 현실을 살아야 한다는 놀라운 자각, 그리고 사회인으로서의 책임감에 최선을 다했다고 자만해온 시세이도와 태평양화학에서의 직장생활, 그것만이 내 과거의 전부인 듯 나의 지난날은 같은 장면만 계속해서 떠오르고 있었습니다.

　몸이 너무 아파서 아무 일도 할 수 없었습니다. 갑자기 손발이 마비되면서 온 몸이 굳어질 때의 통증과 두통이 날로 심해졌습니다. 옛날에도 미국에서 같은 증세로 고통받은 적이 있었는데, 병원에서는 온갖 검사 끝에 1년 이상을 살

3장

기 힘들다고 했습니다. 그러나 그때 내가 견딜 수 없어 하던 상황을 벗어나 뉴욕으로 가고 나서는 아파하던 모든 증세가 거짓말처럼 사라졌습니다. 그리고 한 세월이 흐른 지금까지 건강하게 잘 살아온 것입니다.

  이제 또다시 무슨 검사를 해도 내 병의 원인을 알 수 없겠지만, 내 정신과 연관된 아픔일 것 같다는 막연한 생각으로 병원을 찾았습니다. 옛날처럼 몸이 아프다는 것이 너무나 황당해서 미국에서의 병원 기록에 대해 자세히 설명할 수밖에 없었습니다. 그러나 무엇 때문인지 시 〈밤 운전〉과 〈그림 그리기〉에 대해 얘기하려면 그저 울고 싶기만 했습니다. 결국에는 어이없이 쏟아져 내리는 눈물 때문에 상담을 포기하고 말았습니다.

  세브란스 병원에 계시던 이호영 박사님은 나의 깊은 곳에는 스스로 인정하지 않으려는 상처가 있는 것 같다고 말씀하셨습니다. 그것이 분노임에도 불구하고, 그 감정이 표면에 올라오는 것조차 막고 있는 정신 때문에 몸이 감당할 수 없다는 것입니다. 그리고 자신을 보호하기 위해 잠재의식 속에 숨어서 존재하는 'Free energy'와 부끄러움의 관계에 대한 책을 주시며 읽어보라고 하셨습니다. 나는 그 책뿐만 아니라, 더 많은 시를 찾아 읽고 또 읽으면서 무엇이 나를 울게 하며 아프게 하는지 알고 싶어 했습니다.

결국 나에게는 기억하고 싶지 않은 아픈 상처가 있다는 것과 그 때문에 누군가를 사랑하는 인간의 마음조차도 부정하고 싶어 한다는 것을 알게 되었습니다. 그것이 나의 슬픔이며, 나를 힘들게 하고 있다고 희미하게 깨닫기 시작했습니다.

기억상실의 깊은 잠에서 깨어나는 것 같았고, 나의 옛날 속에 숨어 있던 부끄러움이 보이기 시작했습니다. 지난 세월 동안 완벽하게 억압되어졌던 깊은 감정은 내게 상처였습니다. 그것이 나의 고통이었다는 것을 그대로 받아들이며 인정하기까지는 정말 힘들었습니다.

내가 미국으로 유학 가기 전, 철없던 시절에 한 사람을 열심히 생각하며 지낸 적이 있었습니다. 그저 멀리서 바라볼 수 있는 어느 한순간만으로도, 나는 보람된 하루를 보냈다며 즐거워했습니다. 당시 아버지의 사업 실패로 집안 환경이 갑자기 바뀌면서 살던 집을 떠나야 했고, 자동차도 피아노도 보이지 않았지만, 나는 별로 상관하지 않았습니다. 우리집 망했다고 학교 친구들이 오히려 더 걱정하며 위로해주었으니, 나는 현실에 대한 이해가 부족했었는지도 모릅니다.

나의 꿈은 이미 다른 세계에 있었습니다. 책 읽기로 시간 가는 줄 몰랐으며, 시를 읽다가 혹은 그림을 그리면서 밤을 새우고 아침을 맞을 때쯤, 그 그림이 완성되면 참 행복했습니다. 미국에 가서도 그림 그리기는 나의 대학 생활을 당당하게 지켜주었으며, 그를 생각하는 여전한 마음으로 세상은 참 아름다웠습니다. 내 젊음의 세월은 그렇게 흘렀고, 어느 해 여름날에 그렇게나 보고 싶어 하던 그를 다시 만날 수 있었습니다.

그러나 만남의 기쁨으로 더없이 행복했었던 것만큼, 예기치 못했던 이별의 슬픔은 너무도 깊었습니다. 그의 친구이기도 한 어떤 사람에게 강제로 납치되었고, 전혀 기억할 수조차 없는 엄청난 일이 벌어졌다는 것은 다음날 아침이 되어서야 알게 되었습니다. 내가 어디에 있어도 찾아내던 그 사람을 피해 다니다가 어이없이 당한 일이었습니다. 어찌 되었든지 간에 남자하고 하룻밤을 같이 보냈다는 기막힌 소식은 나의 친한 친구들에게 그날로 전해졌습니다. 내가 정신을 잃고 있는 동안 그 사람이 그들에게 전화를 걸어 알려주었기 때문입니다. 그 시대를 살던 나에게 그 사건은 죽음을 의미했습니다.

나는 내 사랑을 단념해야 했고, 그와 헤어져야 한다는 것을 너무나도 잘 알고 있었기 때문에 어차피 살 수 없을 것 같았습니다. 참을 수 없는 분노와 수치심으로 하루하루가 절망뿐이어서 내 몸은 세상을 떠나고 싶어 했습니다. 아무것도 먹을 수 없었고, 물만 마셔도 토하던 나는 앙상하게 뼈만 남은 몰골이 되었습니다. 눈을 떠도 앞이 잘 보이지 않아 누워서 울기만 하던 암담한 나날이었습니다. 이미 죽은 듯싶던 어느 날, 꿈속에서 푸른 하늘과 강이나 바다를 배경으로 '슬퍼하지 마라.' '사랑은 기쁨이어야 한다.' '내 평화를 받아라.' 등의 음성을 몇 번이고 들은 것 같았습니다.

나는 잠에서 깨어나면서 나도 모르게 〈요한복음〉을 찾아 읽으며 울기 시작했습니다. 1장에서 시작되는 처음의 빛이 그저 놀랍기만 했으며, 14장과 17장의 모든 말씀이 나를 사랑하는 마음으로 느껴졌습니다. 얼마나 울면서 기도했는지, 내 기력이 다한 줄 알았습니다. 그리고 얼마 후부터는 내가 무엇 때문에 그토록 슬퍼했는지 갑자기 의아해졌습니다. 내가 써놓았던 일기를 읽으면서도, '과연 실제로 나에게 일어났던 일이었을까' 싶을 정도로 그동안의 내 고통이 낯설게 느껴졌던 것입니다. 그 믿기지 않는 신비를 어떻게 설명할 수 있을지 나는 아직도 모릅니다. 오랫동안 꿈을 꾸느라고 잠을 못 잔 것처럼 머리는 몹시 아팠지만, 아무튼 더 이상은 아무것도 생각나지 않았습니다. 성숙되지 못했었고 어리석었던 나에게는 기억상실과 같은 그 길만이 세상을 살아갈 수 있는 유일한 방법이었는지도 모르겠습니다. 사랑의 기억을 지니고는 도저히 살 수 없었을 것입니다.

어차피 내가 꿈꾸던 순결한 사랑은 그동안의 나와 함께 끝난 것이었습니다. 그렇게 자신을 포기하고 나니, 나를 알고 있는 모든 사람들을 다시는 보고 싶지 않았습니다. 그러려면 옛날의 나의 것은 모두 버려야만 한다고 다짐했습니다. 그를 생각하는 마음뿐만 아니라, 친구들과의 우정도, 그림 그리기도 완전하게 잊어야만이 내가 다시 살 수 있을 것 같았습니다. 다른 사람이 되어 살고 싶었습니다. 그리고 나는 아주 많이 변했습니다. 강제로 끌려다니는 치욕적인 관계보다는, 타락이라고 해도 내 의지로 그냥 어울려보겠다는 오기가 생겼습니다. 그뿐만 아니라, 그 사람과 약혼을 함으로써 주위에 알려진 납치 사건의 문제는 해결된 듯싶기도 했습니다. 그러나 여자로서의 내 몸을 끊임없이 혐오했으며, 스스로 자학하다 보니 몸에 좋다는 모든 것은 본능적으로 피했습니다. 폐도 나빠졌지만, 건강에 도움이 되는 음식이라고 누가 알려주면 갑자기 먹을 수조차 없었습니다.

자신을 아무렇게나 학대하며 지내던 어느 날, 길에서 머리에 흰 붕대를 감은 그의 뒷모습을 우연히 보게 되었습니다. 그때 내 눈에 아프게 들어온 것은 붕대에 배어 있던 핏자국이었습니다. 그 순간 '얼마나 아플까……' 하는 걱정으로 가슴이 마구 뛰었고, 나도 모르게 하나님을 찾았습니다. 그리고 '나를 대신 아프게 해주세요……' 라고 애원하는 기도를 저절로 하게 되었습니다. 그가 왜 다쳤는지도 알 수 없고, 위로해줄 수도 없어서 참담했지만, 우선은 그를 피할 수밖에 없었습니다. 그러나 보고 싶은 사람을 만날 수 없다는 그날의 충격으로 나는 오랫동안 아팠습니다. 그리고 그날 바라본, 그의 핏자국이 내 평생의 머리 아픔이 될 줄은 꿈에라도 상상해본 적이 없었습니다.

자신의 정체성을 잃어간다는 것, 그 방황에 익숙해지니 내가 더욱더 지겹고 싫어졌습니다. 하루하루를 고통스럽게 지내다 도망치듯 다시 미국으로 떠났습니다. 학교로 돌아가서 공부를 계속하고 싶은 마음도 있었지만, 나 개인의 삶에 대한 의욕은 여전히 없었습니다. 얼마 후에는 약혼자였던 그 사람도 미국에 왔고, 그때부터는 내 몸이 부분적으로 마비되는 병이 생겼습니다. 걸핏하면 병원에 실려 갔고, 너무 아파서 진통제 주사와 약으로 겨우 살았습니다.

결국 내가 근육이 마비되는 죽을병에 걸렸다는 것을 확인한 후에 그 사람은 한국으로 돌아갔습니다. 파혼으로 내 방황은 끝났고, 그 사람에 대해서는 원망하는 마음으로라도 생각해본 적이 없었습니다. 다만 한때라도 같이 어울리며 자포자기했던 내 자신이 너무 증오스럽기만 해서 하루라도 살고 싶지 않다는 생각뿐이었습니다. 그러나 부모 형제들을 위해서라도 내 죽음이 자살이라고 알려지게 할 수는 없었습니다. 그래서 자동차 사고나 말을 타다가 추락하는 계획을 세웠으며, 실제로 시도하다가 실패한 적도 몇 번 있었습니다. 그때마다 영적 존재의 신비스런 힘이 나를 감싸며 그토록 보호해주었음에도 불구하고, 나는 그 모든 것이 우연이거나 운명이라고 생각했습니다. 그 놀라운 영의 존재가 처음부터 나와 함께하신 그분의 사랑인 줄을 모르고 살았습니다.

아무튼 그때는 살아 있다는 것이 치욕스럽기만 했는데, 가을비가 몹시 내리던 어느 날이었습니다. 친구의 기숙사 방에서 우연히 시 〈밤 운전〉을 읽고는, 그날 밤을 꼬박 새우며 통곡하듯이 그냥 울기만 했습니다. 처음에는 오래간만에 시를 읽은 감동 때문에 자꾸만 울게 되는 줄 알았습니다.

하지만, "삶의 일직선상의 속도"에서 내가 피할 수 없음을 깨닫는 눈물이었습니다. 토끼를 보고 깔아뭉개도 미미한 진동감뿐이듯이, 내 순결을 잃었어도 이미 떠난 인생의 길을 마저 가야 한다고 누군가 내게 간곡히 말하고 있는 것 같았습니다. 시의 언어가 분명할 뿐인데도, "죽지 말아다오"라는 시구를 읽을 때는 무슨 주술에라도 걸린 듯이 "그렇게 하겠습니다."라고 대답했습니다. 창밖에는 오래 못 보았던 깨끗한 달이 보이기 시작했지만, 나는 몇 개월을 더 살게 되는지 몰랐습니다. 얼마 동안이라도 아무도 나를 모르는 곳에서 살고 싶어서 뉴욕으로 떠났습니다.

지난 세월 내내, 뉴욕 공항에 도착하던 그날의 내 모습이 불쑥불쑥 떠오른 적이 참 많았습니다. 그런데 언제부터인가 낯선 도시로 혼자 힘없이 들어서던 그 뜨거운 여름날의 나를 내가 아닌 어느 존재의 시선으로 바라보고 있는 것처럼 느껴지기 시작했습니다. 이상한 느낌이었지만, 누군가가 나를 안쓰러움으로 지켜보며 보살펴주었다는 생각이 들면서 나도 모르게 눈물이 쏟아지곤 했습니다. 그러나 내가 울었던 것이 아니라, 나를 사랑하시는 그분의 영이 내 마음의 평화를 위해 흘린 눈물이었음은 한 세월이 다 지난 지금에서야 알게 되었습니다.

아무도 기다려주지 않는 뉴욕으로 무작정 와서는 병원부터 찾아서 오랫동안 서성거렸습니다. 내가 너무 아프거나 위급할 때 어떻게 연락할 것이며, 누구에게 치료받게 될 것인지를 미리 알고 있어야 했기 때문입니다. 그리고 우선은 외국 학생들을 위한 기숙사에 임시로 들어갔지만, 앞으로 어디서 어떻게 살아야 할지 막막했습니다.

그래도 시 〈밤 운전〉을 읽으면 무언가 위로받는 것 같았고, 그래서 편안해졌습니다. "달이 보인다. 어렵게 가진 친구들아. 켄터키 주 허허벌판에 만나볼 사람 하나 없어도, 젊을 때 사랑은 그런대로 사랑이고, 달빛에 갑자기 보이는 눈물 역시 그런대로 눈물이다. 내 생애의 뒷산 한모퉁이에 아직도 반딧불 자유롭게 날고, 밤 깊어 더 청명한 달이 뜨는 한." 읽고 또 읽다보면, 내 속에 여전히 남아 있는 그리움이 순수하게 느껴져서 나를 싫어하는 마음이 조금씩 연해지고 있는 것 같았습니다. 어차피 비교할 것은 내게 이미 없었습니다. "남은 것은 단수의 세계, / 단수의 조국, 단수의 / 가족, 그 하늘 아래 사계절. / 다를 수 없는 바람이 분다."에 공감하면서 단수의 혼자라고 해도 상관없이 건강하게 살고 싶기도 했습니다. 그렇게 내가 자신을 용서하고 있었던 것입니다.

시의 언어 "죽지 말아다오."는 나를 위한 누군가의 간절한 기도 소리처럼, 어디에서인가 항상 들려오는 것 같았습니다. 그래서인지 뉴욕에서 하루하루가 지나는 동안 그토록 아프던 몸의 통증이 저절로 사라지고 있었습니다. 너무도 놀라웠고 한편으로는 어떤 두려움도 있었지만, 나는 다시 학교 생활에만 열중할 수 있었습니다.

그러나 국제 교환학생으로서의 기간은 벌써 끝났고, 옛날처럼 그림을 잘 그리는 특별 장학생도 아니었습니다. 그동안은 가끔씩 초상화를 그려주고 넉넉한 돈을 벌기도 했었는데, 더 이상은 그림을 그릴 수 없었습니다. 그림을 그리려면 순수했던 시절의 옛날이 생각나서 고통스러웠으며, 무언가 견딜 수 없이 슬퍼졌기 때문입니다.

나는 현실적인 선택을 해야 했고, 그래서 취직하기 쉬울 것 같다고 생각한 상업 미술로 전공을 바꾸었습니다. 그런데 그 어쩔 수 없었던 선택이 결국에는 화장품 개발이라는 내 평생의 일에 도움이 되는 공부가 되었던 것입니다. 시세이도의 미국 회사에서 일하게 되었고, 내가 아플 때 도와주었던 사람과 결혼했으며, 아이가 태어났습니다. 그리고 그후의 긴 세월이 흐르는 동안, 나는 '산다는 것은 책임'이라는 신념 속에 자신을 단단히 묶어놓고 살았습니다.

내 의지의 충족을 위해서라도 성실한 삶을 살고 싶었습니다. 현실은 어차피 세상의 모든 존재와 맺어지는 약속의 세계였고, 나는 그 약속을 지켜야 했으므로 하루를 사는 일에 최선을 다했다고 자신했습니다. 어쨌거나 과거의 죽음 같은 것은 상상조차 할 수 없이 너무나도 바쁜 현실을 살고 있었습니다. 그렇다고 내가 감당하지 못할 무슨 일을 겪고 있던 것도 아니었는데, 무엇 때문에 옛날처럼 아픈지 이해할 수가 없었습니다.

나는 어쩌면 너무나 피폐해지고 있었는지도 모릅니다. 회사에서의 온갖 회의와 방송 출연 때문에 항상 시간에 쫓겼으며, 여러 모임이나 행사에 참석해야 하는 일이 어찌나 많았는지 정말 정신없이 지냈습니다. 신문이나 잡지의 원고 마감일을 잊고 있다가 차 안에서 글을 쓰기도 했습니다. 집에 돌아와도 청소와 부엌일이 끝날 때까지는 조금도 쉴 수 없었습니다. 특히 아이의 도시락 반찬은 미리 준비해두어야 마음이 놓였고, 공부 가르치는 일에도 정성을 쏟아야 했습니다. 그러나 내가 어쩌다 집에 늦게 돌아왔을 때 느껴야 했던 지난날의 두려움과 자책감이 생각나면 지금도 화가 날 정도로 서글퍼집니다.

남편은 아무리 늦게 와도, 한밤중에 직장 동료들과 함께 와서 새벽까지 술자리를 벌여도 매우 당당했지만, 나는 식구들에게 죄의식을 갖고 사회생활을 해야 했습니다. 그럼에도 불구하고 내 머릿속에는 화장품이 꽉 차 있었고, 그만큼의 열정으로 일했습니다.

그러나 화장품의 개발 과정은 많은 결정을 필요로 하기 때문에, 나의 판단이 옳았다는 확신이 생길 때까지의 압박감은 참 힘들었습니다. 내가 잘못 판단해 일이 실패하면, 아무도 내게 너그러울 수 없으리라는 것을 잘 알고 있기 때문에 두려웠습니다. 나의 능력과 역할에 따라 언제라도 나를 배신할 수 있는 인간의 이기성을 경험한 것도 상처였지만, 다른 무엇보다도 내 자신과의 싸움에 지쳐가고 있었습니다. 상대적일 수밖에 없는 인간 관계에서 벗어나고 싶으면서도, 어차피 일하기 위해 사회에서 만났으므로 모두의 목적은 일의 성공이어야 한다고 생각했습니다.

그러기 위해서는 토머스 쿤의 상대론적 과학이론에서처럼, 기존의 관습이나 인과 관계와 아무런 연속성이 없는 새로운 사고체계가 중요하다고 믿었습니다. 언제부터인가 나는 변화를 받아들이기 거부하는 집단 문화에 맞서서 독선적이 되어갔고, 더 나아가 많은 사람들 위에 군림하려고 했습니다. 그만큼 책임의 무게는 너무나 무거웠고, 나는 단 하루라도 불안에서 벗어난 적이 없었습니다. 그렇게 지내던 어느 날의 회의 시간에 시 〈그림 그리기〉를 우연히 읽게 된 것입니다.

〈그림 그리기〉의 무엇이 나를 울게 했으며 아프게 하는지 희미하게 알 것 같기도 했습니다. 나는 어쩌면 그 시에서처럼 겨울같이 차갑고 단순해졌으며, 빈 들판같이 살기로 했으며, 내가 사랑했던 창밖의 겨울 나무는 잠들어 있었으며, 형상의 눈은 뼈 속으로만 쌓여 있었는지도 모릅니다. 그리고 내게 "남아 있던 것은 모두 썩어서 / 목마른 자의 술이 되게 하고 / 자라지 않는 사랑의 풀을 위해 / 어둡고 긴 내면의 길을" 걷고 있었다는 생각이 문득 들었습니다. 그러고 보니 온몸이 마비되는 듯한 통증이 오기 전에는 항상 뒷머리가 아프기 시작했는데, 그때마다 얼핏 얼핏 떠오르는 얼굴이 있었습니다. 그는 핏자국이 밴 붕대를 머리에 감고 있었고, 나는 슬펐습니다.

〈그림 그리기〉를 통해 무언가 깨닫게 되리라는 느낌은 분명히 있었지만, 사랑의 기억을 찾게 하시려는 그분의 계시로서는 미처 받아들이지 못했습니다. 그런데 시를 계속해서 자꾸만 읽다보니 까마득히 잊고 있었던, 그와의 만남과 헤어짐이 어제 일처럼 떠오르고 있었습니다.

    보이지 않는 그를 보고 싶어 하던 슬픔으로 움직일 수조차 없었을 때, 저절로 읽게 되었던 성경의 〈요한복음〉이 갑자기 생각났습니다. 유학 시절의 〈밤 운전〉과 마찬가지로, 〈그림 그리기〉의 언어도 나를 일깨워주려는 구원의 소리 같았습니다. "자라지 않는 사랑의 풀을 위해 / 어둡고 긴 내면의 길" 헤매는 나를 누군가가 어린아이같이 감싸안으며 보호해주고 있다는 느낌은 너무나도 따뜻했습니다. 잃어버렸던 사랑의 기억을 찾아가면서 나는 놀랍게도 편안해지고 있었습니다. 오랫동안 잊고 살아온 그분의 깊고 깊은 사랑을 느꼈기 때문입니다.

    내 영혼과 육체의 고통을 그대로 받아들이면서 그분께 더 가까이 다가갈 수 있어야 했는데, 나는 무조건 잊고 싶어 했던 것 같습니다. 〈요한복음〉을 읽던 기억은 까맣게 잊었었고, 〈밤 운전〉을 통해서는 "죽지 말아다오"라는 간곡한 말씀으로 나를 살리셨음도 모르고 살았지만, 그분의 사랑은 나를 포기하지 않으셨습니다. 당신을 끝내 외면하고 사는 나에게 〈그림 그리기〉를 보여주시며 깊은 어둠 속의 나를 깨우고 계셨습니다. 사랑하는 마음을 내게 주셨던 그분께서는 그 사랑의 기억으로 당신을 다시 찾도록 하셨습니다. 세상을 너무 힘들게 살고 있는 나를 구원해주고 싶으셨던 것입니다.

    나는 이제야 알게 되었습니다. 지난 세월 내내 나를 둘러싸고 있던 영의 비밀은 그분의 숨결인 사랑이었음을. 그리고 생명의 근원으로 나의 내면에 존재하시는 그 사랑을 내 자신으로부터 분리해서는 살 수 없다는 것도 깨달았습니다. 그러니까 나는 혼자인 적이 없었으며, 나를 향한 그분의 목적과 계획 안에서 살고 있었던 것입니다.

걷지 않은 길

　세상을 산다는 것은 전체 속의 한 부분으로서 존재해야 하는 책임의 관계라고 생각했습니다. 그렇기 때문에 내 속의 개인적인 것은 무조건 잊혀지기를 바랐습니다. 나는 그런 일을 겪은 적이 없었다고, 내게 일어난 일이 아니었다고, 절대로 아니었다고, 시험 공부하듯이 외웠습니다. 그러한 나의 의지가 너무나도 절실했기 때문인지, 언제부터인가는 정말 신기하게도 지난날의 많은 부분이 생각나지 않았습니다. 나는 어쩌면 치유되지 않는 내 지난날의 상처를 완벽하게 감추지 않고는 살 수 없었는지도 모릅니다. 기억의 끈은 드디어 끊어진 것 같았고, 나는 매우 이성적으로 현실의 세계를 살고 싶었습니다.

　사회생활을 시작하고부터는 자신을 똑똑하고 강한 척 꾸미느라 더욱

더 단단하게 나를 포장했습니다. 적어도 사회인으로서의 내 책임의식은 옳다고 억지 부리면서, 바르게 살고 있다고 스스로 자만했습니다. 가끔씩은 자신에게 속아 사는 것 같다는 절망감과 알 수 없는 자책감으로 괴로워했지만, 그럴수록 일에 매달렸습니다. 세상에 숨겨온 나의 모자람과 연약함이 드러나게 될까봐 항상 긴장하며 살았는지도 모르겠습니다.

  회의라든가 하는 공식적인 자리에서 어떤 안건을 놓고 의견을 나누는 일이 아니라면, 모든 것이 낯설기만 해서 무척이나 힘들었습니다. 아무튼 일을 떠나서는 무슨 말을 해야 할지 몰라서 난감해하던 또 다른 내가 숨어 살았습니다. 직원들과의 회식자리뿐만 아니라 어떠한 모임이라고 해도, 춤을 추거나 노래를 부르는 일은 더더욱 할 수 없었습니다. 사람들 앞에서 몸을 움직이며 운동을 한다거나 옷을 벗는다는 것은 공포였으므로 수영장은 물론이고, 사우나인지 목욕탕인지는 가본 적도 없이 살았습니다. 20년이라는 세월이 지나는 동안, 극장에 가서 영화를 본 적도 없었습니다. 혹시라도 벗은 몸 같은, 이상한 장면을 보게 될까봐 두려웠기 때문입니다.

  세상을 그렇게 경계함으로써 나를 지키려는 보호 본능도 있었겠지만, 남자들을 향한 피해의식과 적대감이 컸던 것 같기도 합니다. 한편으로는 남자 직원들의 평균 주량만큼 술도 마시고, 그들과 회의할 때는 담배도 피워가며 여자답게 보이려 하지 않았습니다. 남자들 세계에서 관념적으로나마 추구하는 정의감과 신의가 나의 가장 중요한 덕목이라고 전제하며 자신만만했습니다.

내 속의 양심이 자신에게 떳떳하지 못하면, 추진해야 하는 중요한 일을 강력하게 밀고 나갈 수 없다는 것을 나는 잘 알고 있었습니다. 아무튼 남자들보다는 육체적으로 약하기 때문에, 몸으로 해야 되는 일 이외에는 무엇이든지 더 잘할 수 있다고 믿었습니다. 오만과 편견으로 다른 사람들의 능력을 가볍게 평가하다 보니 나는 점점 더 교만해졌습니다. 조직과 개인의 관계는 서로가 필요로 하는 것에 대한 약속으로 맺어졌기 때문에, 우선은 일을 잘해야 한다고 생각했습니다.

그러나 독선적인 결정을 계속하다 보니 나도 모르게 벼랑 끝으로 내몰리고 있는 것 같았습니다. 항상 불안하고 매일같이 힘들었지만, 편안한 시간이라도 갖게 되면 무슨 큰일이라도 날 듯이 자신을 학대하고 있었습니다. 하루에 먹는 두통약이나 진통제의 양은 계속 늘어나는데도 머리가 항상 아팠습니다.

시를 읽거나 그림을 감상한 지도, 새벽녘의 묵상 시간이나 한강을 찾아 강물을 바라본 지도 꽤 오래되었을 즈음이었습니다. 바로 그때쯤에 〈그림 그리기〉를 읽게 되었던 것입니다. 기도하는 마음으로 지난날을 회상하다 보니, 내 앞에 두텁게 내려져 있던 어떤 막이 천천히 올라가면서 숨어 있던 내가 보이기 시작했습니다. 한없이 모자라고 어리석은 내 자신의 모습을 바라보다가 결국 무릎을 꿇었습니다. 그동안의 허상과 거짓된 속박에서 벗어나고 보니 내게 남은 것은 아무것도 없었지만, 내가 텅 비어질수록 몸의 아픔은 서서히 사라지고 있었습니다.

무엇보다도 내가 까마득히 잊고 있던, 어쩌면 부정해왔던, 사랑의 아픈 기억들이 생각나기 시작한 것은 놀라운 축복이었습니다. 내가 눈뜨고 싶지 않았던 세상을 떠나려 할 때, 나를 바라보시던 어느 영혼의 깊은 슬픔이 따뜻하게 느껴졌기 때문입니다. 나를 사랑하시는 그분의 영원성을 잊고 살았음에도 불구하고, 지금까지도 사랑받고 있었다는 깨달음으로 얼마나 기뻐했는지 모릅니다. 잘난 척하느라 지쳐가는 나에게 시를 통해서 당신을 다시 찾도록 해주셨습니다. 나는 내 의지대로 열심히 살고 있다고 생각했지만, 당신께서는 가장 낮은 곳에서 나의 겸손을 기다리고 계셨습니다.

문득 어디선가 읽은 존 F. 케네디의 글이 생각납니다. 시인 프로스트의 〈걷지 않은 길〉을 인용하면서 "시는 인간을 권력으로부터 구원하는 수단이며, 권력이 인간을 오만으로 몰고가면 시는 인간의 한계를 깨우쳐주고, 권력이 부패하게 되면 시는 정화시켜준다."고 했습니다.

신이 와서

　어느 날부터인가 나는 혼자만의 특별한 시간을 만들어서 나의 내면을 바라보기 시작했고, 밝은 빛을 갈망하는 기도를 하게 되었습니다. 내 스스로의 힘으로는 도저히 물리칠 수 없었던 내 속의 어둠이 너무 깊었기 때문입니다. 선하신 분의 무한한 사랑에 무조건 의지하고 싶었는데, 그 생각만으로도 마음의 평화를 느낄 수 있어서 정말 놀랐습니다. 그분의 영은 시와 그림, 그리고 아름다운 자연을 통해 보여주시는 창조적 영감의 세계에서 내가 정화되기를 바라셨습니다. 내가 미처 모르고 있던 나의 문제에 대해서도 깨닫게 하셨으며, 건강한 몸과 마음으로 편안하게 살 수 있도록 나를 변화시켜주셨습니다.
　몸에 전류가 흐르는 듯한 통증으로 고통스럽던 마비 증세는 더 이상 나타나지 않았습니다. 가끔씩이기는 하지만, 그래도 머리 아픔은 여전했습니다. 아무튼 내 기억의 창고 속에는 치유되지 않은 어떤 상처가 남아 있었던 것입니다. 나의 내면 깊은 곳에 짓눌려 있던 그 상처는 내 자신의 솔직한 감정을 외면하고 부정할수록 몸의 아픔으로 드러나려고 했기 때문에 고통스러웠습니다. 그렇다고 물리적인 처방이나 의학적인 수술에 의존할 수도 없었습니다. 하지만 과학보다 중요한 그 어떤 것이 나의 몸에 영향을 미치고 있음을 직접 경험하게 된 것은 축복이었습니다.

생각과 감정은 면역체계, 내분비체계, 신경체계를 통해 연결되어 있기 때문에 우리의 몸에서 생화학적인 반응을 일으킨다는 것을 알게 되었습니다. 우리의 잠재의식 속에 부정적인 생각과 감정이 해소되지 않은 채 남아 있으면 사소한 일에도 화가 납니다. 그리고 그 화는 분노, 불안, 우울, 절망과 같은 어둠의 혼을 자꾸만 끌어들이게 되니, 생명 에너지로서 존재하는 선한 영은 우리를 떠날 수밖에 없게 됩니다. 이때 우리의 몸은 무언가 이상 증상을 나타내면서 도움을 요청하지만, 대부분의 경우는 원인을 깨닫지 못하고 질병을 키웁니다. 자신이 미처 의식하지 못해도, 부정적인 감정은 우리 몸의 시스템에 심각한 문제를 일으킬 수 있는 것입니다. 어느 책에선가 읽은, "영혼이 작용할 때 신체는 작용을 감수하며, 신체가 작용할 때 영혼은 감수할 수밖에 없다."라는 글에서처럼, 우리 내면의 선과 악의 관계도 마찬가지라고 생각합니다. 그러므로 우리는 기도와 묵상을 통해서 부정적인 사고영역에서 우선 벗어나야만 합니다.

그리하면 선한 영혼의 생명 에너지가 우리에게 보내는 섬세한 메시지를 받아들일 수 있게 됩니다. 그 메시지는 사랑이신 그분께서 주시는 영적 지혜로, 질병의 예방뿐만 아니라 나쁜 운명도 피할 수 있도록 도와준다는 것을 나는 직접 경험했습니다. 그렇기 때문에 "신이 와서 '나는 있다' 할 때까지 / 당신은 기다리기만 해서는 안 됩니다."라는 시구를 모든 사람들이 가슴으로 받아들일 수 있다면 정말 좋겠습니다.

신이 와서

릴케(R. M. Rilke)

신이 와서 '나는 있다' 할 때까지
당신은 기다리기만 해서는 안 됩니다.

자신의 능력을 스스로 밝히는 그러한
신이라면 아무런 의미가 없는 것입니다.

신은 태초부터 그대의 내면 속에서
바람처럼 일고 있음을 알아야 합니다.

하여, 당신의 마음이 알고 비밀을 지킬 때
신은 그 속에서 창조하는 것입니다.

태초에 하나님이 사랑하셨다

    내가 사랑의 기억을 잊고 살았다는 것은 사랑의 존재이신, 그분에 대한 기억상실증에 걸려 있었기 때문임을 알게 되었습니다. 나의 처음을 창조하셨으며, 나를 얼마나 사랑하셨는지를 잊고 살았다는 것입니다.
    '그를 사랑했습니다.'
    그렇습니다. 이것이 내가 말하고 싶은, 이제야 저절로 소리가 되어지는 진실이지만, 지난날의 내 고통이었으며 그래서 어쩔 수 없이 잊혀졌던 나의 실체인 것입니다. 그러나 나의 하나님, 그분께서는 영적인 삶의 핵심으로 나를 이끌어주시려고, 사랑의 기억을 통해 당신을 다시 찾게 해주셨습니다. 나는 성경에서 정의한 "하나님은 영이시고 사랑이시다."라는 말씀으로부터 다시 태어난 것 같았습니다.

사랑하는 사람들은 서로에게서 좋다는 것에 대한 극치감을 느낄 수 있으며, 아름다움, 성스러움, 편안함, 즐거움, 황홀함, 기쁨을 주고받습니다. 이렇듯이 사랑은 서로에게 생명의 힘이 되기에 누구나 갈망하게 됩니다. 그러나 사랑은 인간 스스로의 힘으로는 도저히 감당할 수 없는 진실, 그 자체인 것입니다. 그럼에도 불구하고 나는 진리의 영으로 모든 것을 만드시고 이루고 계시는 사랑의 절대 존재를 잊고 살았습니다.

언젠가 읽은, 엘리엇(T. S. Eliot)의 "인간은 어느 정도 이상의 진실은 감당하지 못한다."라는 글의 의미를 이제야 알 것 같기도 합니다. 우리가 그분의 영에 의해 창조되었다는 것도 인간의 경험 속에는 없으므로, 오직 믿음으로써만이 이해되는 진실입니다. 그리고 그 믿음은 하나님께서 우리에게 기적처럼 베풀어주시는 사랑의 은혜이며, 성령을 통해서 받게 해주십니다. 그러므로 인간의 사랑은, 그 사랑의 근원이신 하나님께 가까이 가는 길이 되어야 합니다. 그렇지 않으면 우리는 이기적인 자기 집착에 빠지기 쉬우며, 결국에는 깊고 깊은 절망의 늪에서 헤어날 수 없게 됩니다.

우리는 자신의 지식과 경험으로 인식하고 있는 것 이외의 세계에 대해서는 알지 못합니다. 그래서인지 인간의 정신에는 근원적인 고립감이 자리하고 있는 것 같습니다. 누군가를 아무리 사랑하고 있다고 해도 오직 자신의 인격을 통해서만 상대를 알 수 있으므로, 그에게서 자신과 전혀 다른 의식을 발견하면 충격을 받기도 합니다. 자신이 사랑하는 사람의 진심을 모른다는 사실에 안타까워하다가 드디어 불안해지는 것입니다.

그를 잘 알고 있다고 느낄 때도 있지만, 그의 마음 깊은 곳, 그 핵심의 자리에 들어갈 수 없음에 절망하게 되며, 결국에는 그의 사랑을 잃어버릴 수도 있다는 두려움에 시달리기 시작합니다. 사랑하는 사람과 완전하게 일치하고 싶어 하는 자신의 욕구를 체념 혹은 혐오감으로 바꾸면서 자유를 꿈꾸기도 합니다. 인간의 사랑으로는 서로 분리되어 있는 불안한 상태를 극복해, 영원한 결합에 이를 수 없기 때문입니다. 그래서 사랑하는 사람들은 기다리거나 떠나거나 하면서 이별하는 아픔을 겪게 되는 것입니다.

누군가를 사랑하는 선한 마음은 그분이 주시는 축복임에는 분명하지만, 사랑과 함께 오는 죄의 속성은 우리에게 온갖 갈등을 일으키게 하며, 부끄러움과 수치스러운 감정까지 안겨줍니다. 그래서 나는 십자가의 성 요한의 "사랑한다는 것은 감정이 아니고, 선을 원하는 것이어야 한다."는 말씀을 참 좋아하며, 사랑하는 사람들에게 전해주고 싶었습니다. 그러나 선을 두려워하는 어둠의 영을 이겨내기 위해서는 기도를 통해서 성령의 도움을 받아야만 합니다. 그리하여 우리가 상대방으로부터 충족되고자 하는 욕구에서 벗어나게 되면, 그 텅 빈 자리의 고요 속에서 그분의 평화를 만날 수 있습니다.

기도하는 마음으로 사랑하게 될 때, 우리는 영적인 빛줄기를 자기 속에 받아들일 수 있게 됩니다. 뿐만 아니라 어느 순간부터는 인간의 본성에 스며 있는 하나님의 형상이 그냥 바라보입니다. 아무리 고통스러운 사랑이라고 해도, 상대를 위하는 마음으로 움직여지는 어떤 힘이 신비하게 느껴지기 시작하는 것입니다. 우리의 비참한 희생일지라도, 그 지독한 아픔 속에 깃들어 있는 연민 같은, 성스러운 그 무엇에 의해 오히려 편안해지고 있는 자신을 발견하게 됩니다. 이것이 그분이 우리에게 주시는 놀라운 선물, 사랑의 기쁨입니다. 진정으로 사랑해본 사람은 그 사랑이 생명이며, 그 관계가 끊어졌을 때 죽을 것같이 괴롭다는 것도 이미 잘 알고 있습니다. 그렇기에 구원이란, 사랑의 존재이신 그분과 사랑의 관계를 회복하며 얻게 되는 영원한 생명인 것입니다.

세포 가운데 있는 핵이 한 생명체를 규명하는 모든 정보를 품고 있듯이, 사랑은 하나님과 인간의 관계를 규명하는 모든 정보를 갖고 있습니다. 그분의 사랑을 통해서만이 인간은 스스로의 정체성과 존재 의의를 알 수 있게 되는 것입니다.

우리의 사랑은 어차피 불완전할 수밖에 없으므로 밝은 빛으로 눈부시기도 하지만, 어느 날에는 캄캄한 어둠 속에서 죽음과도 같은 고통을 느낍니다. 이때야 비로소 우리는 그분의 은혜와 인간의 원죄가 무엇인지 깨닫게 되며, 에덴 동산의 선악과나무를 기억하게 됩니다. 우리를 사랑의 대상으로 만드셨지만, 당신의 사랑을 잊지 않아야 행복할 수 있음을 그 나무를 통해 알려주셨기 때문입니다. 그렇기에 우리의 자유 의지로 "태초에 하나님이 사랑하셨다"는 것을 잊지 않고 산다는 것은, 어제의 용서이며, 오늘의 평화이고, 내일의 풍요가 될 것입니다.

태초에 하나님이 사랑하셨다

조지 마데슨(George Matheson)

나를 버리는 일 없는 '사랑'이여
내 지친 영혼을 당신의 품에 쉬게 하소서.
당신께서 주신 나의 생을 당신께 도로 바치나이다.
바다 같은 그 깊음 속에서 내 생이 보다 풍요로워지기 위해서입니다.

나의 길을 비추는 '빛'이여
꺼진 내 등불을 당신께 바치나이다.
내 마음은 당신으로부터 다시금 빛을 받아 그 찬란한
빛에 의하여 더욱 밝고 아름다워지기 위해서입니다.

아픔을 통해 나를 찾으시는 '기쁨'이여
당신을 향해 나는 마음을 닫을 수가 없나이다.
비 온 뒤 무지개를 보며 주신 약속을 되새기며
부활의 아침에는 더 이상의 눈물이 없을 것임을 느낍니다.

숙여진 내 머리를 쳐들게 하는 '십자가'여
어이 당신에게서 도망칠 수 있겠습니까.
이 세상의 영예는 티끌과도 같습니다.
그 너머 대지로부터 영원히 다함이 없는
'생명'이 꽃피는 것입니다.

빈 자 리

    한 사람을 무작정 좋아했던 옛날을 이제야 편안한 마음으로 생각할 수 있게 되었습니다. 내가 지닌 모든 것을 주고 싶었던 그를 사랑해 아름다운 세상이었으며, 그 아름다운 세상은 너무나도 따뜻했습니다. 나를 아껴주는 그에게 그지없이 성실했고, 마음을 다해 내 사랑에 정직할 수 있었음으로 더없이 행복했습니다. 그와 함께 흐르는 강물만이 내가 아는 세상이어서, 한 세월은 그렇게 흘러가는 줄 알았습니다. 그러나 어느 날 갑자기 그는 먼 곳으로 떠났고, 나는 혼자서 물살을 가르며 흐르게 되었습니다.

    그가 보이지 않아 낯설기만 한 세상이어서, '나는 너무 힘들다고, 정말 보고 싶다고…….' 미친 여자처럼 혼자 중얼거리며 아무 곳에서나 그저 울었습니다. 가슴이 아프다는 것이 어떤 고통인지 처음으로 알게 되었으며, 슬픔도 다할 수 있는 물질처럼 끝이 있기를 바라면서 울기만 했습니다. 누워서 울다보니 뺨으로 흐르는 눈물이 귓가에 고여 염증이 생기기도 했습니다.

그때의 고통을 얼마나 견딜 수 없어 했는지, 세상의 어느 누구도 이런 아픔만은 없게 해달라고 애원하는 기도를 저절로 하게 되었습니다. 지독히 앓으면서 꼼짝도 할 수 없는 지경이 되니, 교만했던 나의 죄가 보이기 시작했고, 나도 모르게 그에게 준 상처가 많다는 것도 알게 되었습니다. 아주 옛날, 그를 처음 본 순간에 내가 무언가 잘못했다고 고백해야 할 것 같았는데, 그때의 그 느낌이 먼 훗날을 예감했다는 생각이 들었습니다.

고통에 대해 깊은 감정이 생겼기 때문인지 극복하고 싶었습니다. 결국 언젠가는 이 세상을 떠날 수 있다는 것이 의외의 희망이어서, 내 아픔이 무한한 의미의 고통일 수는 없다고 믿게 되었습니다. 살아 있다는 것이 괴로움이었으며 하루하루가 너무 힘들고 가슴은 내내 아팠지만, 그래도 외할머니의 산솟가를 찾으면 육신을 떠난 영혼들의 자유와 평화를 느낄 수 있었습니다.

산솟가에 부는 바람은 항상 황량했어도, 그 어느 날의 평화를 꿈꾸며 자신을 위로하다 보니 세상의 시간은 많이 지나갔고, 나는 드디어 지난날의 '빈자리'에서 영원한 당신을 만나게 되었습니다.

빈자리

당신이 떠난 빈자리,
시간이 지나도 눈물이 멈추지 않습니다.
투명한 창밖으로 떠나는 당신이 보입니다.
그 땅 위에는 흐린 하늘이 낮게 내리고 바람이 불고 있습니다.
이제 나는 어떻게 혼자 숨쉬며, 누구와 얘기할 수 있을까요.
여기가 과연 시린 인연의 어디쯤일까요.

당신이 떠난 후에도 해는 지고 있습니다.
고맙습니다. 지난 세월 착한 당신으로 내 곁에 계셔준,
가끔은 건방진 내 투정의 발길에 채여 아파하셨을 당신.
이제 화내지 마시고, 속상했던 마음도 모두 풀어내세요.
우리의 괴로움 다 지나고, 다시 만나는 그날까지 부디 안녕하세요.

당신이 떠난 빈자리의 공기는 슬픔에 잠겨 있습니다.
조용하고 아득한 당신의 여운만 사방에 번지고,
해가 지고 나서도 어스름한 빛을 지키는 저 쓸쓸한 하늘에
나는 괜찮다고 중얼거립니다. 정말 괜찮다고.

당신이 떠난 빈자리,
창밖이 어두워지고 있습니다.
멀리서 날던 새 한 마리, 갑자기 보이지 않습니다.

갈 곳 잃은 빈자리의 공기가 힘없이 내 안으로 스며들고,
어둠이 갑자기 깊어져서 나는 움직일 수가 없습니다.
보고 싶다고 중얼거립니다. 너무나 보고 싶다고.

너를 기다리는 동안

디트로이트 공항, 언키퍼(Unkeeper) 식당 창가에 앉아 넓디넓은 활주로에 내리는 흰 눈을 바라보고 있으려니 '눈 내리는 날'을 매일같이 기다리던 어느 해의 겨울이 생각납니다. 우리가 만나기로 약속했던 눈 내리는 날의 기쁨이 창밖에 가득합니다. 그도 어느 하늘 아래서 저 흰 눈을 바라보고 있을지도 모른다고 생각하니, 지금 지나가고 있는 시간의 흐름을 잠시라도 붙들 수 없다는 사실이 놀랍기만 합니다. 뺨에 흐르는 눈물처럼 뜨겁다가 차가워지는 어느 잠깐의 순간같이 느껴집니다.

눈이 하염없이 내려도 폭설은 아니어서인지 항공기들은 어디론가 떠나고 어디에서부터인지 계속 도착하고 있습니다. 아무리 바라보아도 어김없이 반복되고 있는 같은 모습이지만, 얼마나 많은 사람들의 각기 다른 사연들이 저 먼 하늘의 구름 속을 헤치며 떠오르고, 지상으로 내려오고 있을까요. 지금 이 순간에도 누군가는 헤어짐으로 슬퍼하고, 또 누군가는 기쁨으로 만나고 있겠지만, 세상 모든 사람들이 언제라도 아프지 않았으면 좋겠습니다.

내게도 그를 만나 사랑한 아름다웠던 시절이 있었고, 그 세월은 무엇으로 다 지나갔는지 이제는 시간이 얼마 없다는 것을 압니다. 그러나 내가 이 세상을 떠난 어느 먼 훗날에도, 눈 내리는 이 창가에 누군가가 혼자 앉아 여전한 그리움으로 그를 보고 싶어 할 것입니다. 어쩌면 황지우 시인의 시 〈너를 기다리는 동안〉에서처럼 "아주 오랜 세월을 다하여 너는 지금 오고 있다 / 아주 먼 데서 지금도 천천히 오고 있는 너를" 기다리고 있을지도 모릅니다.

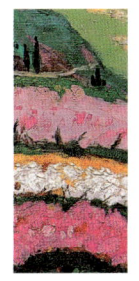

비 오는 날

구름이 구름을 만나면
큰 소리를 내듯이
아, 하고 나도 모르게 소리치면서
그렇게 만나고 싶다, 당신을.

구름이 구름을 갑자기 만나면
환한 불을 일시에 켜듯이
나도 당신을 만나서
잃어버린 내 환한 불을 다시 찾고 싶다.

  비 내리는 어두운 아침에 알비노니(Albinoni)의 〈아다지오(Adagio)〉를 듣고 있으려니 너무나 쓸쓸해져서 어디론가 떠나고 싶었습니다. 애달

픈 바이올린의 음률을 따라가다 보니 나도 모르게 내가 도착한 곳은 결국 지난날이었습니다. 세월 저 너머의 그 먼 곳에서 그를 생각하다 보니, 내 가슴속에는 깊은 강물이 눈물처럼 흐르며 출렁거렸습니다. 그의 부재가 주는 슬픔으로 그토록 괴로워했으면서도, 그를 생각하면 지난날의 순수에 향수가 느껴집니다.

　세상 사는 일이 무엇인지는 몰랐지만, '그에게 나는 소중한 사람이다.'라는 믿음만으로 행복했던 적이 있었습니다. 그의 사랑에 마냥 의지했으면서도 그를 위해서 내가 무엇을 어떻게 해야 할지는 몰랐습니다. 어쩌면 지금도 그리고 앞으로도 모를 것 같습니다. 다만 나는 어느 누구에게도, 어쩌면 신과의 관계에서도, '당신께 성실할 거예요.'라는 정직한 마음의 약속, 그 이상의 진실로서 나의 온 마음을 한 사람에게 바쳐본 적이 없습니다. 오늘처럼 비 오는 날이면, 마종기 시인의 시 〈비 오는 날〉에서 처럼 "구름이 구름을 갑자기 만나면 / 환한 불을 일시에 켜듯이" 그렇게 반가워하며 그를 만나던 날이 생각납니다.

이 별

　그가 떠나던 날에도 아침해는 여전히 떠올랐습니다. 어둠에 잠겨 있던 창밖의 풍경이 서서히 제 모습을 드러내고 있었습니다. 그와의 헤어짐이 너무 두려워 나는 핑계처럼 아팠습니다. 뛰는 가슴이 너무 아파서 손이 저리도록 심장 언저리를 내내 누르고 있었는데도, 지독하게 아프기만 했습니다.

　사랑은 처음 이전부터 그토록 아픈 것이었는지도 모릅니다. 하지만 내 슬픔이 아무리 깊었어도, 그를 사랑했음은 당신께 드리는 나의 순수이고, 순결이며, 믿음입니다. 당신께서 주신 사랑으로 나는 살아 있는 존재였으며, 그 의미만으로도 나는 최고의 가치와 기쁨을 느낄 수 있었습니다. 만약에 지금 어떤 기적이 일어나 그를 사랑하기 이전으로 돌아갈 수 있다고 해도, 그 지독했던 아픔 없이 살 수 있는 다른 삶을 선택할 수 있다 해도, 아프지 않기 위해 사랑이 없는 길로 돌아가지는 않을 것입니다. 사랑의 고통 없이는 영원한 사랑이신 당신을 만날 수 없다는 것을 잘 알기 때문입니다.

언제라도 안개 자욱한 강가를 지날 때면, 강을 떠나가는 안개의 모습이 이별하는 아픔처럼 보입니다. 하지만 그후에도 강물은 어쩔 수 없이 흘러갈 것이기에, 그 어쩔 수 없음이 이제는 아름답게 느껴집니다.

이 별

어둡고 짙은 안개가 저 강을 감싸안은 채,
밤새 아무 말도 하지 않았습니다.

새벽녘의 어스름이 지나고 아침이 되어도
안개는 차마 강을 깨우지 못합니다.

그러나 강가의 정적은 잘 알고 있습니다.
강을 떠나가는 안개의 조용한 내막을.

이제 곧, 저 강은 빈 몸으로 남겨질 것입니다.
낯설고 차가운 겨울 바람에 많이 놀라겠지만,
어쩔 수 없이 혼자 흘러갈 것입니다.

기 도

　그의 존재는 당신이 내게 주시는 무한한 의미의 사랑입니다.
　그는 내 마음속의 어둠에 밝고 따뜻한 빛을 비추어주었습니다. 내 의식 깊은 곳으로부터 떠올리고 싶지 않았던 상처의 기억들조차도 그에게 다 얘기하고 나면 눈물겹도록 편안했습니다. 그와 마주하고 있게 되면 나는 쉼 없이 재잘거렸습니다. 그에게 고해성사 하듯이 털어놓고 싶었던 나의 별의별 얘기는 언제라도 끝날 것 같지 않았습니다. 무엇보다도 저절로 정직해지는 내 자신이 반갑다 못해 참 신기하게 느껴지기도 했습니다. 나는 순진했던 어린 시절로 돌아간 것 같았고, 철없는 아이처럼 그에게 마냥 의지하며 투정도 자주 부렸지만 날마다 즐거웠습니다. 그래서인지 그를 만나면 살아 있다는 것이 그저 기쁘기만 했습니다.

세상의 어느 한 사람, 그에게 사랑받는다는 것이 너무나도 행복해서 나는 죄 없이 살고 싶었습니다. 서로 같이 있다는 것, 그 자체만으로도 합일의 사랑이 주는 만족감의 극치를 가슴 저미도록 느낄 수 있었는데, 그것은 참 아름다운 세상의 신비였습니다. 그를 사랑한다는 내 소리로만 하늘과 땅 사이를 가득 채우고 싶어서 이 세상의 생명 있는 모든 것을 향해 내 사랑을 고백하노라면, 눈물이 그냥 줄줄 흘렀습니다. 날아가는 새 한 마리에게도 내 절실한 사랑을 간곡하게 전해주면, 그 새를 바라보는 어느 인간이나 짐승이나 모두 선해질 것 같았습니다.

사랑이 그렇게 깊어질수록 하염없이 지나가는 시간의 흐름이 불안하고 두려워지기 시작했습니다. 만남의 기쁨 속에서도 헤어짐을 염려하듯이, 그 어느 날부터는 그와 마주하고 있으면서도 '언젠가 너무 보고 싶어지면 어쩌나' 하는 생각이 문득 문득 들었습니다. 그 예감은 피할 수 없는 운명이었는지, 사랑하는 사람과의 이별이 내게 오고야 말았습니다. 그와의 헤어짐은 미처 상상조차 할 수 없었던 슬픔이어서, 내 의지로 감당하기에는 불가능하다고 생각했습니다. 보고 싶은 마음이 치열해질수록 내 절망은 어쩔 수 없이 깊어만 갔고, 나는 날마다 조금씩 미쳐가는 것 같았습니다.

하나의 현상이 있기까지는 무수한 원인과 조건이 모여야 하고, 상호 연관 관계 속에서 그 실체의 모습이 드러나는 것이 과학이라고 알고 있었습니다. 그래서 내가 못 견뎌하는 고통은 인연의 과학적 법칙에 의해 이루어진 결과일지도 모른다며, 내 지독한 아픔을 그대로 받아들이려고 했

습니다.

　내 괴로움이 형벌처럼 느껴지면, 알 수 없는 세상의 저편에서 그에게 지은 나의 죄가 무엇이었을지 문득 궁금해지기도 했습니다. 내가 핏덩이 자식이었던 그를 버렸다던가 하는 무서운 죄를 짓지 않았다면, 그를 사랑해 이렇게까지 아플 수는 없다며 무조건 용서를 구하기도 했습니다.

　정신의 작용은 유기물질이 아닌 마음속으로부터 생겨지는 것이어서, 그 마음만이 내 슬픔을 다스릴 수 있다는 것은 알고 있었습니다. 그러나 신체 내부의 심장이 너무 뛰는 것과 그 언저리의 통증만은 의학적으로 치료받을 수 있기를 얼마나 바랐는지 모릅니다. 어떠한 진통제로도 치유되지 않는 가슴 아픔으로 숨쉬기가 힘들어지고, 머리가 견딜 수 없이 아파져서 움직일 수가 없었습니다. 뿐만 아니라 보고 싶다는 단 하나의 생각만으로 너무 울어서인지 갑자기 눈앞이 잘 보이지 않게 되었습니다. 어차피 그가 보이지 않는 세상에서는 눈뜨고 싶은 생각이 아예 없었는지도 모릅니다. 참기 힘든 고통을 계속 견디면서 새로운 삶의 가능성을 찾느니, 차라리 무릎 꿇고 나를 포기하고 싶었습니다. 더 이상은 도저히 살아갈 수가 없을 것 같았습니다.

　꼼짝도 할 수 없는 상태에서 자리에 누워 앓기만 하던 어느 날의 새벽녘이었습니다. 지금은 한없는 슬픔이지만, 사랑은 기쁨이어야 한다는 아득한 소리가 귓가에서 계속 맴도는 것 같았습니다. 어느 순간, 나도 모르게 일어나 〈요한복음〉을 찾아 읽기 시작했습니다. 내 눈병이 저절로 나았는지, 당신 말씀이 선명하게 눈으로 들어와 가슴속까지 스며들고 있었습니다. 흘러내리던 내 눈물이 14장을 너무 적시어 더 이상 다음 장을 넘길 수조차 없었습니다. 바로 그때쯤이었는데, 당신의 선하심이 내 영혼을 위로해주고 계신다는 것을 갑자기 깨닫게 되었습니다.

　당신께서는 내 슬픔을 나보다도 더 슬퍼하고 계셨습니다. "내가 너희를 사랑한 것같이 너희도 서로 사랑하라."는 당신의 새 계명을 읽고 또 읽으면서, 세상의 것과는 다른 평화를 내게 주신다는 말씀을 가슴에 깊이 새겼습니다. 나를 고아처럼 버려두지 않으시겠다는 것과 나를 위해 한 장소를 마련한 후에 데리러 올 때까지 아무 근심도 하지 말라는 당부 말씀이 어찌나 고마웠는지 모릅니다. 어둠 속의 내가 가야 할 길을 보여주시고, 그 길로 나를 이끌어주실 것을 믿으며 오랫동안 기도했습니다.

기　도

　　1
그를 사랑했습니다. 더할 수 없이 사랑했습니다.
그에게 나의 전부를 의지하며 위로받았습니다.
그 어느 곳에서도 나는 어린아이처럼 마냥 즐거웠습니다.
그와 함께 바라보는 세상은 참 아름다웠으며 항상 따뜻했습니다.
그러나 언제부터였는지 풀잎에 맺힌 이슬방울이나 흐드러지게

피어난 꽃들의 아름다운 절정이 아픔으로 보이기 시작했으며,
우연히 보이기 시작한 꽃잎의 떨림이 두렵게 느껴지고 있었습니다.

보이지 않는 이별이 다가오고 있었고,
나는 날마다 깨어나지 않는 잠에 들고 싶었습니다.
차라리 내가 잠든 사이에 그가 떠나고, 아주 먼 훗날
잠에서 깨어나 '누군가를 지독히 사랑한 꿈을 꾸었다'고
말할 수 있기를 얼마나 바랐는지 모릅니다.

내 사랑에 정직할 수 있다면, 보이지 않는
혼이라도 되어 그의 곁에서 살고 싶었습니다.
그러나 오래 기다려온 슬픈 예감처럼, 그는 떠났습니다.

나는 갑자기 세상에 버려진 것 같아서 너무 서러웠습니다.
그가 보이지 않아 어느 누구와도 얘기할 수 없었으며,
혼자서 어디로 가야 하는지 몰라서 울며 지냈습니다.

어느 바닷가의 낯선 마을, 어둠 속에서 그의 모습이 잠시 동안
보이지 않은 적이 있었습니다. 그 순간의 막막함과 섭섭함으로
흐르던 눈물은 이미 이별을 준비하고 있었는지도 모르겠습니다.

언제라도 저녁해는 그날처럼 지고, 아침해는
여전히 떠올랐지만, 나는 바라볼 수가 없었습니다.
앞이 보이지 않아 꼼짝할 수조차 없었고, 누워서 앓기만 했습니다.

어느 날인가 내가 어두운 숲 속에 쓰러져 죽어가는
꿈을 꾸었습니다. 온몸에 빗물처럼 흐르던 땀이
새벽 이슬에 깨끗이 씻겨지면서 추위를 느끼고 있었습니다.

상처투성이의 나를 멀리서 바라보는 누군가의 슬픈 모습이
희미하게 보이고, 여명으로 밝아오는 먼 하늘의 빛줄기 속에서는
'사랑은 기쁨이어야 한다.'는 음성이 계속해서 들려왔습니다.
나는 깊은 잠에서 깨어났고, 나도 모르게 당신을 찾으며 기도했습니다.

    2
나를 사랑하시어 내게 사랑을 주신 분이시여,
그를 사랑함이 선이 될 수 있도록 축복하여 주소서.

당신의 아름다운 세상을 다시 바라볼 수 있도록
나를 정화시켜 주시고 빛의 길로 이끌어 주소서.

내가 지은 세상의 죄를 용서하여 주시고
그를 보고 싶어 하는 아픈 마음을 만져 주소서.

날카로운 얼음 칼로 베인 듯, 시린 가슴속에
고통의 가시나무가 자라지 않도록 보살펴 주소서.
끝나지 않는 슬픔은 없다고 믿게 해주시고,
이 슬픔이 다할 수 있도록 나를 도와주소서.

깊은 잠에서 깨어나 그와의 헤어짐을
알게 되어도, 울지 않게 해주소서.
어리석고 모자라는 나를 불쌍히 여기시어,
환하고 밝은 아침 맞이할 수 있게 하소서.

그가 내게 주었던 기쁨으로 내 눈물을 그치게 하시고,
그를 사랑하는 내 마음이 당신의 기쁨이 되게 하소서.

사랑을 구하지 않으며, 바라지 않으며, 다만 사랑하게 하시어
끝날 수 없는 사랑의 의미를 깨닫게 해주소서.

3

나를 사랑하여 내게 사랑을 주신 분이시여
그에게 아픔 없기를 소원하는 내 기도를 들어 주소서.

내게 다하지 못한 인연으로 가슴 아파하지 않도록
그를 강하게 지켜 주시고, 그의 하루하루를 편안케 하소서.

당신의 지극하신 사랑으로 그의 영혼을 돌보시어
그의 눈에는 언제라도 눈물 고이지 않게 하소서.

당신을 믿고 살아온 그에게 세상의 슬픔 없게 하시고,
한결같은 당신의 은혜 속에서 행복한 삶 누리게 하소서.

사랑하는 마음으로 이별하는 아픔을 겪게 하시어
불완전한 내 존재의 결핍을 알게 해주신 분이시여.

그동안의 내 교만과 이기를 뿌리째 뽑아 주시려고
기력이 다할 때까지 나를 앓게 하신 분이시여.

참 평화로써 나를 채워 주시려고
나의 모든 것을 비워내게 하신 분이시여.
당신의 한없는 은혜에 보답하게 하소서.

태초부터 영원하신 사랑의 빛이시여,
당신의 아름다운 세상에 머물게 해주소서.

별, 아직 끝나지 않은 기쁨

향을 사르면 만남과 헤어짐이 따로 없는 찰나의 향기에 참 편안해집니다.
잿빛의 재를 남기며 향이 타들어가는 모습을 바라보고 있으면, 시간과 공간의 개념이 없어진 것처럼 느껴집니다. 그렇게 텅 빈 상태가 되면, 세상 인연의 처음과 끝이 한꺼번에 보이면서 향기처럼 내게 스며드는 그와의 추억이 생각납니다.

그는 처음 순간부터 낯설지 않았으며, 나의 환영을 만난 듯이 반갑고 놀라워서 무척 긴장했었습니다. 아마도 그는 내 속에서 태어나 키워진 나의 피붙이 같은 분신이었는지도 모릅니다.

그를 사랑했던 나날들이 어제 일처럼 기억나지만, 한참의 세월이 지나갔습니다. 그가 보이지 않아 한없이 슬퍼했던 지난날을 생각하면 내가 이렇게 살아 있다는 것이 기적 같기만 합니다. 내게 사랑을 주신 당신의 은혜에 감사하는 마음은 변함없지만, 가끔씩은 지난날의 내 아픔에 연민이 느껴집니다. 언젠가는 "도달하기 어려운 곳에 사는 기쁨"을 만나게 되겠지만, 아직은 끝나지 않은 세상의 기쁨에 연연해하며 살고 있습니다.

별, 아직 끝나지 않은 기쁨

마종기

오랫동안 별을 싫어했다. 내가 멀리 떨어져 살고 있기 때문인지 너무나 멀리 있는 현실의 바깥에서, 보였다 안 보였다 하는 안쓰러움이 싫었다. 외로워 보이는 게 싫었다. 그러나 지난 여름 북부 산맥의 높은 한밤에 만난 별들은 밝고 크고 수려했다. 손이 닿길 것같이 가까운 은하수 속에서 편안히 누워 잠자고 있는 맑은 별들의 숨소리도 정다웠다.

사람만이 얼굴을 들어 하늘의 별을 볼 수 있었던 옛날에는 아무 데서나 별과 이야기를 나눌 수 있었다. 그러나 시간이 빨리 지나가는 요즈음, 사람들은 더 이상 별을 믿지 않고 희망에서도 등을 돌리고 산다. 그 여름 얼마 동안 밤새껏, 착하고 신기한 별밭을 보다가 나는 문득 돌아가신 내 아버지와 죽은 동생의 얼굴을 보고 반가운 이야기를 나누기도 했다.

사랑하는 이여.
세상의 모든 모순 위에서 당신을 부른다.
괴로워하지도 슬퍼하지도 말아라
순간적이 아닌 인생이 어디에 있겠는가.
내게도 지난 몇 해는 어렵게 왔다.
그 어려움과 지친 몸에 의지하여 당신을 보느니
별이여, 아직 끝나지 않은 애통한 미련이여,
도달하기 어려운 곳에 사는 기쁨을 만나라.
당신의 반응은 하느님의 선물이다.
문을 닫고 불을 끄고
나도 당신의 별을 만진다.

낙 화

　초를 켜면 불빛의 뜨거움에 녹아 내리는 촛농의 부드러움이 참 아름답게 보입니다. 이승의 모든 무게를 버리며 무너져 내리는 여린 모습을 바라보고 있으면 조지훈 시인의 시, 〈낙화〉의 꽃도 창밖에서 같이 지고 있는 것처럼 느껴집니다. 모든 것이 그렇게 사라지듯 나도 없어지겠지만, 그를 생각하면 어쩔 수 없이 영원을 꿈꾸게 됩니다.

　아무것도 보이지 않는 어둠 속에서 눈부신 빛으로 다가왔던 그에게 정직할 수 있었음으로 참 행복했던 적이 있었습니다. 그 행복의 정점에서 그는 떠났지만, 그가 얼마나 많은 기쁨과 즐거움을 나에게 주었는지 세월이 지날수록 그리워지는 옛날입니다. 현실을 살아가는 일에 너무 지쳤을 때, 지난날의 추억으로 세상을 바라보면 슬프리만치 아름다웠습니다. 그래서 언젠가는 이별 없는 영원한 세상에서 그를 다시 만나고 싶다는 생각을 하게 되었습니다. 헤어짐 없이 산다는 것은 상상만으로도 행복해지는 것 같고, 이미 축복받았다는 느낌도 듭니다. 그러나 오늘도 나는 어둠 속의 저 촛불을 꺼야 할 것입니다. "꽃이 지는데 // 꽃 지는 그림자 / 뜰에 어리"지만, 시 속에서 마음의 평화를 얻으며 하루의 피곤을 위로받았습니다.

낙 화

조지훈

꽃이 지기로서니
바람을 탓하랴.

주렴 밖에 성긴 별이
하나 둘 스러지고

귀촉도 울음 뒤에
머언 산이 다가서다.

촛불을 꺼야 하리

꽃이 지는데
꽃 지는 그림자
뜰에 어리어

하이얀 미닫이가
우련 붉어라.

묻혀서 사는 이의
고운 마음을

아는 이 있을까
저어하노니

꽃이 지는 아침은
울고 싶어라.

나 의 기 도

　차이코프스키(Chaikovskii)의 피아노 트리오를 오랫동안 들었습니다. 한동안은 세상의 모든 소리가 비명 같았는데, 이제야 겨우 음악을 다시 들을 수 있게 되었나 봅니다. 첼로의 슬픈 선율이 나를 잠 못 이루게 하더니 어느덧 새벽의 여명이 어둠을 가르고 있습니다. 창밖의 풍경이 서서히 드러나고 있지만, 짙은 안개에 덮여 있는 강물의 모습은 아직 보이지 않습니다. 안개의 품속에서 깊이 잠들어 있거나, 어쩌면 이별의 예감이 너무 두려워 잠 속에서도 울고 있을지 모릅니다.
　때가 되면 저 안개는 홀연히 떠날 것이고, 갑자기 혼자되어 흘러가야 하는 저 강물의 외로움을 나는 이미 알고 있습니다. 보이는 것과는 모두 헤어져야 하는 세상이 괴로워지면, 밝은 빛이 자취를 감추어버린 막막한 어둠 속이 차라리 편안할 때도 있었습니다. 그러나 언젠가는 참 평화를 구하는 나의 기도가 이루어질 것을 믿습니다.

기탄잘리 12

타고르(R. Tagore)

내 나그네 길은 멀고도 멉니다.
아침 첫 햇살이 빛나는 수레 타고 나가
갖가지 세파를 넘어 먼길을 가며
수많은 별엔 발자국 남기며 왔습니다.
님 가까이 가는 길은 가장 멀고
무(無)에 이르는 수행은 가장 오묘합니다.

나그네가 제 집에 이르기 전에
낯선 집 문전을 일일이 찾으며
마지막 가장 깊은 신전에 이르기까진
온 세상을 방황해야 합니다.

내 눈이 멀리 헤매어 다닌 후
마침내 나는 눈을 감고 말합니다.

"여기 님이 계십니다"라고.
"아아, 어디에"란 물음의 소리침은
철철 솟는 눈물로 녹아 내려
"내가 있음"이란 확신의 밀물로
이 세상을 넘치게 합니다.

축복의 길

　　세상 아닌 곳으로 사라지고 싶기만 해서 외할머니의 산솟가를 찾았던 어느 해의 겨울밤이 생각납니다. 어둠뿐이었던 산솟가는 한 치 앞도 보이지 않아 한 발자국을 떼어놓기 힘들 만큼 칠흑같이 캄캄했는데, 그 무서움으로 그를 잊으려 했습니다. 그러나 잊혀지기는커녕, 애타게 서로 찾으며 울부짖던 겨울 나무들의 울음소리를 들으며 나도 그가 너무 보고 싶다고, 견딜 수 없이 보고 싶다고, 통곡하듯이 울면서 소리 내어 고백했습니다.

　　몰아치는 비바람에 젖은 채 추위에 떨다 보니 어디고 할 것 없이 시리고 아팠으며, 너무 울어서인지 나는 거의 기진한 상태였습니다. 목덜미며 전신으로 젖어 흐르는 빗물과 눈물로 온몸이 얼어붙는 것 같았습니다. 처절해지고 있는 내 자신이 너무나도 한심하게 느껴졌습니다. 그런데 그 순간, 내가 그토록 보고 싶어 하는 그가 지금의 내 모습을 볼 수 없으니 참 다행이라는 생각이 갑자기 들었습니다. 그리고 이렇게 나약하고 추해질 수 있는, 그러니까 그에게 보이고 싶지도 않은 지금의 내 몸이 있어 그를 사랑하는 순수한 마음이 보고 싶다는 열망이 되었으며, 그래서 괴로워한다는 것을 문득 깨달았습니다. 결국 엉망진창이 될 수 있는 몸이 있기 때문이었습니다.

    내 마음을 움직여준 그 깨달음은 당신께서 주시는 영의 선물이었습니다. 죄의 고통으로 가득한 내 몸이 어느 날, 흔적도 없이 이 세상에서 사라진다는 유한성에 뜻밖의 위로를 받았습니다. 그리고 내게 주신 사랑의 아픔은 당신께 가까이 갈 수 있는 무한한 축복의 길임을 알게 되었습니다. 나는 더 이상 눈에 보이는 것을 희망하지 않으려고 영원한 당신을 찾기 시작했습니다.

피조물만이 아니라 성령을 하나님의 첫 선물로 받은 우리 자신도 하나님의 자녀가 되는 날과 우리의 몸이 해방될 날을 고대하면서 속으로 신음하고 있습니다. 우리는 이 희망으로 구원을 받았습니다. 눈에 보이는 것을 바라는 것은 희망이 아닙니다. 눈에 보이는 것을 누가 바라겠습니까? 우리는 보이지 않는 것을 바라기에 참고 기다릴 따름입니다. 이와 같이 성령께서도 연약한 우리를 도와주십니다. 어떻게 기도해야 할지도 모르는 우리를 대신해서 말로 다 할 수 없을 만큼 깊이 탄식하시며 하느님께 간구해 주십니다.

로마서 8장 23~26

슬 픔

　옛날을 즐거운 마음으로 추억하고 싶어서 암스테르담의 렘브란트 미술관을 일부러 찾아갔습니다. 미술관은 렘브란트가 살던 당시의 모습을 그대로 재현시켰기 때문인지, 17세기를 살던 그의 기쁨과 슬픔이 그림마다 배어 있는 듯했습니다.
　내가 고등학교 시절에 무척이나 좋아했던 렘브란트 그림의 빛과 그림자는 나의 잠재 세계에 어떤 영향을 주었던 것 같습니다. 그를 처음 만났을 때, 세상의 모든 사물과 사람들이 어둠 속으로 사라지고, 빛을 받은 그의 모습만 보였던 적이 있었습니다. 그때부터 그의 존재는 나의 빛이 되어주었지만, 그가 보이지 않는 세상은 오랫동안 너무 어둡고 무서웠습니다. 그래서 나는 항상 그를 보고 싶어 했습니다. 한 세월이 지난 지금까지도 내 기억 속의 그의 모습은 렘브란트가 그렸다고 상상하는, '아그리파' 상의 초상화처럼 각인되어 있습니다.

빈센트 반 고흐 미술관에서는 내 젊음의 세월을 보내며 간곡함과 눈물겨움으로 좋아하게 된 고흐의 그림들을 감상하며 하루를 보냈습니다. 렘브란트의 영향을 받은 사색적 표제 그림들과 밀레의 영향을 받은 평화로운 그림들 속에도 어느 외로운 영혼의 아픔이 담겨져 있는 것 같았습니다. 언제부터였는지 고흐의 그림을 바라보면 싸한 바람이 내 속에 일어 가슴과 눈이 시려오고 목이 메이는 듯했습니다. 그러니까 그의 그림은 눈을 감아도 보여지는 사랑의 상처이며, 소리 없이 들려오는 깊은 울음이어서 세월이 흐를수록 내 연민의 대상이 됩니다.

무엇보다도 오늘은 그동안 시간에 쫓기면서 바라보던 고흐의 〈피에타〉 앞에서 오랜 시간을 보낼 수 있어서 보람된 하루가 되었습니다. 고흐의 〈피에타〉에서 느껴지는 애절함은 너무나 비밀스러워서 나에게 참 특별한 감동을 줍니다. 비탄 속의 마리아를 생각하면 부끄러운 내 슬픔이지만, 그래도 마냥 눈물이 흘렀습니다. 나도 모르게 김현승 시인의 시 〈슬픔〉 속의 한 구절 "슬픔은 나를 / 어리게 한다. // 슬픔은 / 죄를 모른다."를 자꾸만 중얼거리면서 정신없이 울기만 했습니다. 그렇게 한참의 시간이 흐르고 있었는데, 우연히 바라보게 된 창밖의 노을빛이 너무도 아름다웠습니다. 그 아름다움으로 나는 위로받았으며, 세상의 슬픔에 대해 당신과 얘기하고 싶었습니다.

거리로 나서니 날은 어두워지고 바람이 몹시 불었습니다. 내 눈물에

비치는 도시의 불빛들이 고흐의 〈별이 빛나는 밤〉에 배어 있는 원죄의 슬픔처럼 가까이 보였습니다.

슬 픔

김현승

슬픔은 나를
어리게 한다.

슬픔은
죄를 모른다,
사랑하는 시간보다도 오히려.

슬픔은 내가
나를 안는다,
아무도 개입할 수 없다.

슬픔은 나를
목욕시켜준다,
나를 다시 한 번 깨끗하게 하여준다.

슬픈 눈에는
그 영혼이 비추인다.
고요한 밤에는
먼 나라의 말소리도 들리듯이.

슬픔 안에 있으면
나는 바르다!

신앙이 무엇인가 나는 아직 모르지만,
슬픔이 오고 나면
풀밭과 같이 부푸는
어딘가 나의 영혼……

모란이 피기까지는

    버드나무 가지에 연한 녹색 물이 들면서 봄의 그림 그리기가 시작되더니, 어느덧 온 천지를 덮을 듯이 피어나는 봄꽃들이 매일같이 눈부십니다. 봄의 교향곡이 울려 퍼지고 초록빛과 만나는 반가움이 따뜻하게 흐르는 봄날입니다. 봄의 환한 정경을 바라보고 있으려니 웃음 짓던 그의 모습이 자꾸만 떠오릅니다. 이제 저 황홀한 봄은 아직 여린 꽃잎들마저 땅에 떨어뜨리고 무심히 지나가겠지만, 그 서러운 날이 오기 전에 아름다운 꽃의 추억으로 더 많이 기뻐하고 싶습니다.

    한때는 그를 보고 싶은 마음이 견딜 수 없는 고통이어서 기억을 끊는 뇌수술까지 꿈꾸었던 적이 있었습니다. 그후에도 한 세월은 마냥 흐르고, 내 속의 슬픔도 평화처럼 조용히 흘렀습니다. 그러나 아무리 잊었다고 해도, 그의 존재는 여전한 희망이어서 나는 오랫동안 기다리며 살았던 것 같습니다.

그런데 어느 날 문득, 슬픔보다 깊어진 내 기다림이 상처라는 것을 알게 되었습니다. 우리에게 남은 시간은 벌써 없어지고, 아무도 우리의 슬픔을 말릴 수 없는 상처의 나이가 된 것입니다. 나는 드디어 피할 수 없는 내 슬픔에 무조건 복종하게 되었으며, 나의 연약함이 의외의 기쁨으로 느껴지기 시작했습니다. 아마도 내 영혼은 세상의 한계 시간을 그렇게 감수하기로 한 것 같습니다. 하지만 내 몸이 없어져도, 내 영혼은 모란이 피기까지 "찬란한 슬픔의 봄"을 또다시 기다리게 될 것입니다.

모란이 피기까지는

김영랑

모란이 피기까지는
나는 아직 나의 봄을 기둘리고 있을 테요
모란이 뚝뚝 떨어져버린 날
나는 비로소 봄을 여읜 설움에 잠길 테요
오월 어느 날 그 하루 무덥던 날
떨어져 누운 꽃잎마저 시들어버리고는

천지에 모란은 자취도 없어지고

뻗쳐오르던 내 보람 서운케 무너졌느니

모란이 지고 말면 그뿐 내 한 해는 다 가고 말아

삼백예순 날 하냥 섭섭해 우옵네다

모란이 피기까지는

나는 아직 기둘리고 있을 테요 찬란한 슬픔의 봄을

사랑에 대하여

　암스테르담 근교의 궤벤호프에서는 따스하고 화사한 봄날의 밝은 햇살 아래서 온갖 봄꽃들과 튤립의 축제가 한창이었는데, 스위스의 바젤(Basel)에 도착하니 느닷없이 4월의 눈이 내리고 있었습니다. 봄비가 내리는가 하면 갑자기 우박이 쏟아지고, 아무튼 예상치 못했던 추운 날씨입니다. 그 때문에 며칠 동안 어깨 한번 제대로 펴지 못하고 움츠린 채 지내고 있습니다.

　오늘 아침은 모처럼 날씨가 개서 나일 강가를 따라 산책하려 했는데, 강바람이 어찌나 차가운지 포기하고 말았습니다. 덕분에 로댕(Rodin)의 조각품 〈칼레의 시민들〉 주위를 맴돌면서 미술관의 개관 시간을 한참 동안 기다리게 되었고, 〈칼레의 시민들〉 그들 한 사람 한 사람의 비장한 모습을 마음에 새길 수 있었습니다. 추위에 떨며 서성이다가 들어간 바젤 시립미술관에서는 그림 감상보다도 미술 교육을 받는 느낌으로 즐거운 하루를 보냈습니다.

큐비즘의 형성 과정을 자세히 느낄 수 있도록 세잔(Cézanne)과 피카소(Picasso)의 그림들이 체계적으로 전시되어 있었고, 클레(Klee)의 그림도 특이한 것이 참 많았으며, 몬드리안(Mondrian)의 〈The style〉 작품들도 구상에서부터 추상을 거친 변화의 과정을 한꺼번에 감상할 수 있었습니다. 어제 들렀던 바이엘러(Beyeler) 미술관에서도 느꼈지만, 이 도시는 지적인 정돈이 느껴지는 예술품들을 많이 소장하고 있다는 생각이 새삼 들었습니다.

지금 창밖은 밤안개로 가득하고, 희미한 가로등 몇 개가 어둠 속의 빛이 되어 아직도 녹지 않은 눈 덮인 길을 비추고 있습니다. 하얀 길을 따라 길게 누워 있는 저 강물은 흐르지 못하는 눈물처럼 무언가 참아내고 있는 것 같습니다. 모든 것이 멈추어진 듯한 싸늘한 정적이 너무나 숨막혀서 나도 울고 싶은 마음을 참기로 했습니다. 휘몰아치는 강한 바람보다 소리 내지 않고 움직이지 않는 조용한 바람이 얼마나 무서운지 나는 잘 알고 있습니다. 내가 그를 잊기 위해, 그는 나를 잊기 위해, 우리는 서로를 향한 마음을 움직이지 않으며 무서운 세월을 보낸 적이 있었기 때문입니다.

사랑이 깊어지면, 그 사랑의 기쁨을 잃을 수도 있다는 불안과 두려움으로 고통받게 됩니다. 나는 영원한 사랑을 꿈꾸었지만, 그와 분리되어진 존재로 산다는 것은 어차피 예견된 이별이었는지 우리는 결국 헤어졌습니다.

    그러나 그와의 헤어짐으로 나의 영혼은 얼마나 깊은 상처를 받았는지 모릅니다. 그토록 불완전한 인간의 사랑을 잊기 위해서 나는 아픈 것보다 더 아픈 것보다 더 많이 아픈 것, 그만큼보다 더 많이 아파야 했습니다. 그때의 내 아픔이 생각나면, 칼릴 지브란의 시를 사랑에 빠진 세상의 누군가에게 간절한 마음으로 전해주고 싶어집니다.

사랑에 대하여

                    칼릴 지브란(Kahlil Gibran)

그러자 알미트라가 말했다. 사랑에 대해 저희에게 말씀해주소서.
그는 고개를 들어 사람들을 바라보았다. 그들 위로 잠시 고요가 흘러 넘쳤다.
이윽고 그는 목소리를 높여 말하기 시작했다.
사랑이 그대들을 손짓해 부르면 그를 따르라,
비록 그 길이 힘들고 가파를지라도.
사랑의 날개가 그대들을 감싸안을 땐 온몸을 내맡기라,
비록 그 날개 속에 숨은 칼이 그대들을 상처받게 할지라도.
사랑이 그대들에게 말할 땐 그 말을 믿으라,
마치 북풍이 저 뜰을 폐허로 만들듯 사랑의 목소리가 그대들의 꿈을 흩어놓을지라도.

사랑이란 그대들에게 왕관을 씌워주는 만큼, 꼭 그만큼 그대들을 십자가에 못 박아 죽이기도 하기에, 사랑이란 그대들을 성숙시키는 만큼 또 그대들을 베어 버리기도 하기에.

사랑은 또 그대들의 가장 높은 데까지 올라가, 햇빛 속에서 사르르 떨고 있는 가장 부드러운 그대들의 가지들을 껴안기도 하지만,

한편 사랑은 그대들 속의 뿌리로 내려가, 대지에 꽉 붙어 있는 그것들을 흔들어대기도 하기에.

사랑은 마치 곡식단처럼 그대들을 자기에게로 거두어들이기에.

사랑은 그대들을 두드려 벌거벗게 하기에.

사랑은 그대들을 체로 쳐, 쓸데없는 모든 껍질들을 훌훌 털어버리게 하기에.

사랑은 그대들을 하얗게 빻아 순백으로 변하게 하기에.

사랑은 그대들을 부드러워질 때까지 반죽하여,

그런 뒤 그대들을 성스러운 자기의 불꽃 위에 올려놓는 것, 신의 향연을 위한 성스러운 빵이 되도록.

사랑은 그대들에게 이 모든 일을 하여 그대들 가슴의 비밀을 깨닫게 하고, 그 깨달음 속에서 한 조각 생명의 심장이 되게 하리라.

그러나 두려움 속에서 그대들 오직 사랑의 평화, 사랑의 즐거움을 찾고자 한다면,

차라리 그땐 그대들 알몸을 가리고 사랑의 타작마당을 그냥 지나가버리는 게 좋으리라.

계절도 없는 세계로, 거기서 그대들은 웃을 수 있으리라, 그러나 그것이 그대들의 웃음 전부는 아닌, 운다 하여도, 그것이 그대들의 울음 전부는 아니리라.

사랑은 저 외에는 아무것도 주지 않으며, 저 외에는 아무것도 구하지 않는 것.
사랑은 소유하지도, 소유되어지지도 않는 것.
왜? 사랑은 다만 사랑으로 충분할 뿐이기에.

사랑할 때 그대들 이렇게 말해서는 안 되리라, "신은 내 마음속에 계시다"라고. 그보다 "나는 지금 신의 가슴속에 있다"라고 말해야 하리라.
그대들이 사랑의 길을 이끌 수 있다고 생각지 말아라. 그대들이 가치 있다고 생각된다면, 사랑이야말로 그대들의 길을 이끌 것이다.

사랑은 저 스스로를 충족시키는 것 외에 다른 욕망은 없는 것.
그러나 사랑하면서도 욕망을 품지 않을 수 없다면, 다음에 쓰는 것들이 그대들의 욕망이 되게 하라.
녹아 흐르는 것, 흐르고 흘러서 밤에게 노래하며 달려가는 시냇물이 되는 것.
부드러움도 지나치면 고통이 됨을 알게 되는 것.
사랑을 깨닫게 되면 상처받게 되는 것.
기꺼이 그리고 즐거이 피 흘리게 되는 것.
날개 달린 가슴으로 새벽에 깨어나서 사랑의 또 하루를 향하여 감사하게 되는 것.
정오에는 사랑의 황홀을 명상하면서 쉬게 되는 것.
저물녘에는 감사하며 집으로 돌아가게 되는 것.
그런 다음 사랑하는 이를 위하여 기도하고 찬미의 노래를 부르며 잠들게 되는 것.

기도_ 나를 찾는 긴 여행

　나의 회상은 거의 끝나가고 있었습니다. 시간의 흐름에 대해서 생각하다 보니, 내가 살아온 긴 세월이 잠깐의 순간처럼 느껴졌습니다. 그래서 내게 변함없이 남아 있을지도 모르는, 아주 소중한 무엇인가를 찾아 붙들고 싶었습니다. 결국 지금까지의 생은 내 마음이 깃들어 있는 과거의 시간일 뿐이며, 그나마 추억할 수 있는 몇 가지가 전부인 것 같기도 했습니다.

　매우 열정적으로 살기도 했고, 때로는 그저 죽고 싶기만 했던 옛날도 있었습니다. 회상이 시작되고 나서 한동안은 내가 저지른 잘못한 일들이 한꺼번에 떠올라서 견딜 수가 없었습니다. 나도 모르게 '잘못했습니다……'를 계속 중얼거리다 보니 우울해지기도 했었지만, 내 죄가 깊었어도 나를 여전히 사랑하신 분이 계셨음을 깨닫게 되었습니다. 그 깨달음을 위해 과거의 시간들이 내 기억 속에 그렇게 남아 있었던 것입니다.

　무한한 존재를 향한 나의 직관과 이성이 새롭게 깨어나는 것 같았는데, 그

4장

것은 종교적인 체험이기도 했습니다. 미처 예측할 수 없었던 주관적 느낌이었지만, 그 내면의 정신세계가 바로 신의 영역이라는 믿음을 갖게 되었습니다. 그리고 내 몸과 마음을 움직이는 정신의 힘뿐만 아니라, 우주를 움직이는 힘도 신의 손길이라는 생각이 들었습니다. 어쨌거나 사물을 움직이는 힘이 물질 자체에서 나오지 않는다는 것은, 물리학에서 증명하고자 하는 과학일 뿐만 아니라, 신의 권능이며, 또한 진실일 것입니다.

나를 찾는 긴 여행을 하면서 지독하게 앓기도 했지만, 드디어 건강해진 것 같았습니다. 나는 다시 일터로 돌아왔으며, 기도하는 삶을 살게 되었습니다. 무언가 다 용서받은 것 같았고, 그토록 숨기고 싶어 했던 내 과거 속의 수치가 더 이상 부끄럽지 않았습니다. 너무나 신기한 것은, 예전과 다름없는 일을 하고, 주위 사람들도 변한 것 없이 그대로인데, 나는 편안한 마음으로 일하게 되었다는 사실입니다. 그동안 왜 그렇게 힘들어하며 일했는지, 그리고 무엇 때문에 그토록 불안해하며 하루를 보냈는지 어이가 없었습니다. 사소한 일이었음에도 불구하고 자주 화를 내던 내가 생각나면, 이상하게도 그분의 슬픔이 느껴졌습니다.

나를 자주 분노하게 하던 사람들에게도 연민의 마음을 갖게 되었고, 선한 사랑의 기미가 조금만 보여도 감사한 마음으로 눈물이 핑 돌았습니다. 내가 미워했던 사람들이라도 누군가를 사랑했으리라고 생각하면 그럴 수 없이 소중하게 느껴지고, 나는 참 편안해졌습니다.

그런데 이해할 수 없는 일은, 마비 증세와 함께 심해졌던 내 머리 아픔은 여전히 낫지 않는 것이었습니다. 그동안은 잘 몰랐지만, 신경 쓰이는 일로 가끔씩 일어나던 긴장성 두통이나 편두통의 증세하고는 전혀 다르다는 것을 알게 되었습니다. 혹시 암이 아닌가 싶어서 정밀 검사도 했고, 뇌파검사 등 아무튼 종합 검진의 기회 있을 때마다 여러 가지 검사를 했습니다.

검사 결과는 항상 모호했지만, '만성 경막하혈종'일 것 같다는 애매한 진단을 받은 적도 있었습니다. 두개골과 대뇌 사이에 만성적으로 소량의 출혈이 생기다가, 그 출혈이 혹처럼 굳어지게 되면 두통 증세가 더 심해질 수 있다고 했습니다. 아무튼 내 뒷머리 속의 어느 일정한 부위에서 경련처럼 일어나는, 참 의심스러운 통증이었습니다. 최근의 경우처럼 그리 심한 정도는 아니었어도, 내 머리 아픔은 사실 너무나도 오래된 고질병 같은 것이기도 했습니다. 엄청난 양의 두통약을 복용하며 산 지도 꽤 오래되었다는 사실이 갑자기 새삼스럽게 느껴졌습니다.

잠재의식 세계에 대한 깊은 관심을 갖고 있었기 때문에, 어느 의사 선생님께서 권유하신 대로 최면 상태를 경험해보았습니다. 그리고 믿을 수 없는 진실이 내 속에 남아 있었음을 알게 되었습니다. 어느 날의 옛날로 돌아간 내가 누군가의 머리 아픔을 대신해달라는 기도를 한 것입니다. 아마도 내가 태어나 처음으로 하나님을 찾으며 아이처럼 매달렸던, 순전한 기도였을 것입니다.

그리고 보니 내 머리 속에 통증이 올 때마다, 젊은 날의 그가 스치듯이 지나가는 환영처럼 보였었다는 것을 깨달았습니다. 너무 짧은 순간이어서 별다르게 의식하지는 못했지만, 그는 핏자국이 밴 흰 붕대를 머리에 감고 있었고, 나는 여전히 슬펐습니다. 그렇게 그는 20여 년이라는 세월의 시간과 공간 속에서도 전혀 변형되지 않은 채, 그때의 그 아픈 모습 그대로, 내 기억 속에 갇혀 있었던 것입니다. 머리를 다쳐 아파했을 그의 아픔이 그토록 깊은 상처가 되어 나의 내면에 깃들어 있는 줄은 정말 몰랐습니다.

내가 자포자기의 삶을 살며 타락하고 있었을 때, 머리에 붕대를 감은 그를 거리에서 우연히 바라보게 되었던 적이 있습니다. 그때 나는 붕대에 밴 핏자국을 보았고 '얼마나 아플까…….' 하며 무척이나 놀랐었지만, 그 앞에 나타날 수는 없던 처지였습니다. 그래서 그 순간, 나도 모르게 하나님을 찾으며 나를 대신 아프게 해달라고, 그리고 내가 그리던 '아그리파'처럼 그도 많은 일을 하며 살게 해달라고 애원하듯 기도한 적이 있었습니다. 하지만 그에게 다가갈 수 없었고, 한마디 위로조차도 할 수 없는 내 자신이 너무나 기막히고 슬펐습니다. 무엇보다도 내가 하루하루를 죄 없이 살아야 그를 위한 내 기도를 하나님께서 들어주실 텐데 하는 걱정으로 어쩔 줄을 몰라 했습니다. 그리고 그후의 세월 속에서도, 붕대를 감았던 그의 뒷모습이 떠오르면, 핏덩이 자식을 버린 듯한 무서운 죄의식으로 가슴이 그저 아팠습니다. 나의 피붙이가 험한 세상 속으로 혼자 걸어간 것 같은, 안쓰러운 느낌에서 벗어날 수 없었던 것입니다.

내가 죄 속에서 살고 있었어도 하나님께서는 그때, 내 처음의 기도를 들어주셨다는 것을 최면 상태에서 응답받은 것 같았습니다. 그러니까 그는 그분의 사랑으로 내가 바라던 대로 건강할 뿐만 아니라, 보람 있는 일을 하며 행복하게 살고 있을 것이었습니다. 그도 하나님의 사랑을 받고 있다는 믿음을 갖게 되었으며, 너무나도 감사해서 오랫동안 울기만 했습니다. 그리고 잠재의식 속의 나에게 옛날처럼 그를 걱정하지 않아도 된다고 정성껏 타일렀습니다. 그래서인지 그를 향한 긍정적인 생각만으로도 머릿속이 맑아지고, 무언가 치유되었다는 확신이 들었습니다.

아무튼 내 머릿속의 지독한 통증은 기적같이 사라진 것입니다. 이 신비함 때문인지 나는 오늘이 있기까지 그와 함께 살아온 모든 사람들에게도 깊은 고마움을 느끼게 되었습니다. 지난 세월, 혹시라도 그에게 깊은 슬픔이나 참기 어려운 고통을 준 사람도 있었겠지만, 그들 모두가 그분의 계획 안에서 그와 인연 있었음으로 온전한 오늘이 그에게 있을 것이기 때문입니다. 그래서 나는 그들 모두를 진심으로, 진심으로 공경하는 마음을 갖게 되었습니다.

결국 나는 "우리 자신을 이해하는 가장 정확한 방법은 하나님이 누구시고, 우리를 위해 무엇을 하시는지 아는 것이다." 그리고 "하나님은 사랑이시다."라는 성경 말씀 속의 진리를 받아들이기까지 한 세월이 걸린 것입니다. 그러니까 나를 지으시고 이 땅에 보내주신 하나님은, 사랑의 마음을 갖고 계시는 어느 존재가 아니라, 사랑 그 자체셨습니다.

목적이 이끄는 삶

나는 세상 저편으로 참 어지간히도 떠돌아다녔고, 아직도 끝나지 않은 여행을 계속하고 있습니다. 화장품 개발 자체를 외국의 공장에서 하는 경우도 많았고, 합자, 브랜드 라이선스, 기술제휴 등을 비롯해 화장품 개발과 관련한 여러 가지 협상을 외국 회사들과 해야 했습니다. 그러고도 수시로 벌어지는 예기치 못한 문제들이며, 세미나와 시장 조사도 중요한 일이어서, 나는 항상 떠날 준비가 되어 있었습니다.

대부분의 경우, 외국에 출장 가서 일정 기간 안에 해결해야 하는 업무는 즉각적인 성과가 있어야 했습니다. 그리고 그 부담감은 직원들과 같이 동행하거나 그렇지 않거나 간에 감당하기 힘들 때가 많았지만, 아무에게도 내색할 수는 없었습니다. 내 마음과 같을 수 없는 세상 사람들과 어울리며 일한다는 것은, 어차피 혼자보다도 외로운 일이었습니다. 내 나라를 떠나 있어도, 돌아와도, 마찬가지였습니다. 그러다 보니 외국에서 갖게 되는 혼자만의 조용한 시간이 나에게는 너무나도 소중했습니다.

시를 읽거나 자연을 바라보고 있노라면, 한 폭의 아름다운 그림을 감상할 때처럼 무어라 말할 수 없는 위로를 받게 됩니다. 특히 빈틈의 시간 속에서 만나는 자연의 풍경은 피곤에 지친 내 몸과 마음을 산책시켜주었으며, 미처 생각하지 못했던 용서의 내막들도 떠오르게 했습니다. 누군가 내 잘못을 지적해주며, 보살펴주고 있는 것 같았는데, 그 안도감이 나를 얼마나 편안하게 했는지 모릅니다. 그토록 편안해질 수 있다는 것이 과연 무엇일까 싶었지만, 나에게 평화를 안겨주는 신비한 힘이 신의 사랑이라고 느껴지기 시작했습니다.

사랑받고 있다는 감사함으로 눈물은 저절로 흘러내렸고, 그 눈물은 내 속의 온갖 나쁜 감정들을 깨끗하게 씻어주었습니다. 내가 만약에 좋지 않은 그 감정들을 껴안은 채 무슨 일을 했다면, 나에게 지혜를 주는 직관력은 어김없이 사라져버리고 없었을 것입니다. 스스로 작용하며 판단하는 직관력의 내면은 선한 것을 향해 움직이고 싶어 하는 어떤 이끌림이었습니다. 하지만 부정적인 감정들과 만나면 차라리 사라지고 마는 청정함이기도 했습니다.

자연이나 한편의 시 속에는, 그 자체가 간절하게 지니고 있는 순수한 의미가 있습니다. 그러나 그것이 내게 드러나려면, 어떤 대상에 관심을 갖는 내 마음이 우선 있어야 한다는 것을 깨달았습니다. 그렇지 않으면

시 속에는 문자의 나열이 있는 것이고, 보여지는 자연도 물질세계일 뿐입니다. 아무리 분석하며 증명하고 싶어도, 세상의 것을 제대로 안다는 것은 어차피 불가능할 것입니다.

세상의 무엇인가를 배우고 연구해 알았다고 해도 앎의 과정일 뿐, 완전한 진리라고 할 수는 없습니다. 그러나 어떤 대상을 통해서 마음으로 느낄 수 있는 순수한 감동은, 그 자체가 진실일 것입니다. 특히 얼마나 아름다운 세상인지에 대한 신비함은 언제라도 신선한 충격이었으며, 일상에 묻혀 잊혀졌던 나의 본성과 그 속 깊은 곳에 잠재되어 있던 의식들을 깨어나게 해주었습니다.

자연 속의 모든 대상과 나를 둘러싸고 있는 절실하고도 진실된, 보이지 않는 그 무엇에서 신을 생각하게 되었습니다. 그러니까 신은 세상 저편에서 홀로 존재하는 인격으로서의 실체가 아니라, 세상 만물 속에서 나를 감싸고, 나에게 스며 있고, 나의 삶을 살게 하는 내적 생명처럼 느껴졌던 것입니다. 무어라 말할 수 없는 느낌의 세계이지만, 분명 내 마음이 만나는 신이었습니다.

언제부터인가 나는 "자연은 신이 자신을 표현하는 것이며, 자연 자체가 신의 존재를 보여주고 있다."는 자연 철학자들의 기본 관념에 공감하고 있었습니다. 보이지 않는 존재로서, 세상에 존재하는 모든 것들 안에 들어 있는 신이 내게 주는 의미를 만나고 싶어 했습니다. 그 의미와의 만남이었습니다. 이러한 신 인식을 처음 갖게 된 동기는 아마도 시를 통해서였던 것 같습니다.

신학자 칼 라너(Karl Rahner)는 "우리가 말하는 신이란 우리의 삶을 모든 방향에서 감싸고, 그 안에 스며들어 있는 신비를 일컫는 것"이라고 했는데, 내가 경험한 신처럼 느껴져서 기뻤습니다. 그리고 성경의 〈시편〉 139장에서, "주님께서 나의 앞뒤를 두루 감싸주시고, 내게 손을 얹어주셨습니다. 이 깨달음이 내게는 너무 놀랍고 높아서 감히 측량할 수조차 없습니다."라고 고백하는 기도가 내 마음에 깊이 와닿았습니다.

이렇듯이 내 마음을 움직여주는 성령의 도움으로 그리스도의 사랑을 체험하면서, 그를 보내신 진리의 영을 하나님으로 인식하기 시작했습니다. 그리하여 나는 아버지일 뿐만 아니라, 아들이며, 성령으로서의 세 위격이 하나가 되는 삼위일체의 신비한 권능을 믿게 된 것입니다.

우리에게는 가족에 대한 애착이나 먹고 사는 본능적인 문제가 아님에도 불구하고, 특별한 관심을 갖게 되는 대상이 있습니다. 그 대상이 사람이든, 자연이든, 시와 그림이든, 혹은 그 무엇이든지 간에 그냥 우연한 일은 아닙니다. 왜냐하면, 우리가 어떤 대상을 향해 움직이거나 이끌리는 열정의 마음은, 아직 모르고 있는 미래의 일에 중요한 원인이 되기 때문입니다.

그러나 우리가 무엇을 원하든지 간에, 그 대상과의 사이에 형성되어진 에너지 장에는 신의 의도가 이미 깃들어져 있는 것입니다. 그렇기에 우리는 마음을 소중히 여김으로써, 신이 우리를 통해 이루고자 하는 창조의 목적이 무엇인지 느낄 수 있어야 합니다.

목적이 이끄는 삶

러셀 켈퍼(Russell Kelfer)

당신이 당신이 된 것은 이유가 있지요.
당신은 하나님의 오묘하고 헤아릴 수 없는 계획의 한 부분이에요.
당신은 소중하고 완벽하고 독특하게 만들어졌으며
하나님은 당신을 그분의 사랑으로 부르고 있지요.

존재의 이유를 추구하는 당신.
그러나 실수하지 않으시는 하나님.
어머니의 태 안에서부터 손수 당신을 지으신 그분,
그러기에 당신은 그분이 원하는 바로 그 사람이지요.

당신의 부모님도 그분이 선택했어요.
지금 당신이 어떻게 느끼든
하나님의 빈틈없는 계획대로 그들을 선택하시어
그들이 손으로 주님의 뜻을 이루도록 하신 것이죠.

물론 당신이 고통을 겪을 때 힘들었겠지만,
하나님 역시 당신이 괴로워할 때 눈물 흘리셨어요.
하지만 그것을 통해 당신의 마음이
하나님의 형상을 닮아가며 성장하기를 원하셨지요.

당신이 당신이 된 것은 이유가 있지요.
주님의 목적으로 지어진 당신.
당신이 사랑받는 당신이 된 이유는
하나님의 의도가 계시기 때문이지요.

백 년 후에는

나는 에밀리 디킨슨(Emily Dickinson)의 시를 좋아합니다. 죽음과 고통에 대한 그녀의 독특한 사고는 매우 객관적이고 지적이지만, 나는 왜 그녀의 시에서 상처의 아픔이 느껴지는지 모르겠습니다. 그래도 그녀의 시를 읽고 나면, 고통을 극복한다는 것은 무한한 의미의 사랑이라는 생각이 들어서 경건해집니다. 그녀의 시 〈작은 돌은 얼마나 행복할까〉는 언제 읽어도 가슴이 시려오고, 또 〈내가 만일 위로할 수 있다면〉의 첫째 연, "이 세상 어느 한 사람의 슬픈 마음을 완전히 위로할 수 있다면, 내 인생은 헛된 것이 안 되리라."를 읽는 순간에는 충격을 받은 적도 있습니다. 그녀는 누군가를 진정으로 사랑했음이 분명합니다. 무엇보다도 그녀의 시 속에는 인간의 사랑이 얼마나 고통스러울 수 있는지, 그 불완전함에 대해 깨닫게 해주는 신비한 힘이 있습니다.

올 가을에도 보스턴에 들렀다가 그녀가 살던 집을 찾아갔습니다.

앰허스트(Amherst) 대학에서 관리하고 있는 붉은 벽돌의 영국식 집인데, 그 집의 이층 창가에서 바라보이는 앞길은 오래된 나무들로 우거져 매우 운치 있는 곳입니다. 바람이 불면 낙엽이 우수수 쏟아져 내리며 흩날리는 모습이 그야말로 장관이었고, 그 기세가 어찌나 당당했는지 세월이 가는 것이 아니라 오고 있는 것 같았습니다. 그 집 앞의 거리를 산책하려면 보도 쪽으로 밀려와 쌓이고 쌓인 낙엽들을 헤치며 걸어야 했는데, 낙엽 밟는 요란한 소리가 내 속에 쌓여 있던 상처들을 하나씩 부서뜨려주었습니다. 그래서인지 100여 년 전의 그녀가 예감했던, 혹은 기대했던 죽음에서도 벗어나고 싶어졌습니다. 내가 이곳에 왜 와 있는지 생각하며 빈 몸의 자유를 꿈꾸다 보니 문득 그녀의 시 〈백 년 후에는〉의 첫 연이 가슴에 와 닿았습니다.

백 년 후에는
아무도 그곳을 모른다
그곳에 일렁이던 고뇌는
평화처럼 잠잠할 뿐

그녀의 일렁이던 고뇌가 끝난 그곳에서, 백 년 후의 내가 10월의 마지막 날을 평화처럼 잠잠하게 보냈습니다.

새

파리 퐁피두 센터(Pompidou Center)의 특별전시관에서 루오(Rouault) 그림을 실컷 보게 되어 참 기뻤습니다. 인간의 고통과 구원에 대한 그의 깊은 성찰이 느껴져서 감동을 받았습니다. 이제는 예전에 알고 느끼던 인간의 보편적 고통과는 다른, 어쩌면 내 아픔일 수도 있는 비밀스러움이 그림 속에 보입니다.

루오의 특별전시실에서 내려오다가 언젠가 넋 빠지게 바라보던 브라크(Braque)의 새 그림이 갑자기 보고 싶어져서 겨우 찾아내고는, 그 그림 앞에서 오랫동안 쉬었습니다. 브라크의 새는 날아가고 싶지 않다며 신음하고 있는 것 같아서 연민이 느껴집니다. 어느 날 꿈에 나도 새가 되어 날아보니 날갯짓의 자유가 얼마나 힘들었는지 모릅니다. 나는 깊은 잠 속에서도 길들여져 있었고, 그래서 날아가는 자유보다는 조롱 속으로 돌아가 차라리 갇혀 있고 싶었던 것 같습니다. 서로가 뜨겁게 사랑해도 서로의 날개에 대해서는 끝내 알 수 없었던, 타고르의 시 〈정원사 6〉 속의 쓸쓸한 새들이 생각납니다.

정원사 6

타고르

길들인 새는 새장 안에 있었고 자유로운 새는 숲 속에 있었습니다.
때가 와서 그들은 만났는데 그것은 운명의 지시였습니다.
자유로운 새가 외칩니다. "오, 내 사랑이여, 숲으로 날아가요."
새장 속의 새는 속삭입니다. "이리 와요, 새장 속에서 함께 살아요."
자유로운 새가 말합니다. "창살 안에서 날개를 펼 자리나 있겠어요?"
"아아" 새장 속의 새가 외칩니다. "하늘에선 어디에 홰를 치고 앉아야 할지 난 모르겠어요."

자유로운 새가 외칩니다. "내 사랑이여, 숲 속 나라의 노래를 불러요."
새장 속의 새가 말합니다. "내 옆에 앉아요. 당신에게 유식한 말을 가르쳐주겠어요."
숲 속의 새가 외칩니다. "아니, 아니오! 노래는 배워야 알 수 있지 않아요?"

새장 속의 새가 말합니다. "어쩜 난 숲 속의 노래를 몰라요."

그들의 사랑은 그리움으로 뜨겁지만 그들은 날개 나란히 날 수 없습니다.
새장의 창살을 통해 그들은 서로 바라보지만 서로를 알려는 그들의 소망은 허망합니다.
그들은 날개를 퍼덕이며 열망하며 "좀더 가까이 와요!"라고 노래합니다.
자유로운 새가 외칩니다. "그럴 수 없어요. 새장의 닫힌 문이 무서워요."
새장 속의 새가 속삭입니다. "어쩌면, 내 날개는 힘을 잃고 죽어버렸어요."

풍 장

런던에서의 일을 끝내고 이곳 체스터(Chester) 시에 어젯밤 늦게 도착했습니다. 기차를 타고 오는데, 차창 밖으로 펼쳐진 전원 풍경이 너무나 아름답고 평화로워 아무 일도 할 수 없었습니다. 전원에 지는 노을을 하염없이 바라보면서 워즈워스(W. Wordsworth)가 "시는 강한 감정의 자발적인 넘쳐흐름"이라고 한 말이 무엇을 뜻하는지 저절로 알 것 같았습니다. 자연을 노래한 그의 시를 내 속에 그리다 보니 어느덧 어둠이 깊어졌고, 차창 위의 실내등에 비치는 내 얼굴이 피곤해 보였습니다.

밝은 햇살의 눈부심으로 잠에서 깨어났지만, 이른 아침의 정적에 숨이 막힐 것 같았습니다. 창밖의 풍경이 너무도 고요해 내가 지금 망각의 강을 지나 다른 세상에 와 있는 것은 아닌가 하는, 멍청한 생각을 하면서 호숫가를 한참 동안 바라보았습니다.

  바람 한 점 없는지 푸른 하늘과 초록의 잔디와 나무들이며 드넓은 호수, 그 어느 것 하나도 움직이는 기미가 전혀 보이지 않았으며, 모든 것이 정지되어 있었습니다. 해가 더 높이 떠오르면 나무의 그림자라도 조금씩은 움직이겠지 하며 꼼짝도 하지 않고 지켜보고 있으려니 눈물이 났습니다. 한 시간이 그냥 지나갔을 때쯤, 갑자기 호숫가의 분수에서 물이 뿜어져 올라오면서 호수의 표면이 일렁이고, 미세한 물결이 번져 나가기 시작했습니다. 그 역동적인 움직임으로 나는 무척이나 기뻐했으며, 살아 있는 세상이 참 아름답다고 느꼈습니다. 황동규 시인이 시 〈풍장 21〉에서 노래한 "정밀한 사진 속에 숨지 않으려는 / 바로 그것"이 생각났습니다.

풍장 21

황동규

인간만이 아니라
살아 있는 모든 것의 속에 사는,
미물(微物) 속에서도 쉬지 않고 숨쉬는,
혹은 채 살아 있지 않은 신소재(新素材)도
날카로이 깎아놓으면
원래의 편안한 모습으로 되돌아가려는,

저 본능!

바람에 흔들리는 저 나무, 저 꽃, 저 풀,
도토리를 먹는 다람쥐의 오르내리는 저 목젖이
동식물도감의 정밀한 사진 속에 숨지 않으려는
바로 그것!

평화로운 바다 저편

밀라노에서의 일이 끝나자마자 무척이나 서두르며 기차를 탔습니다. 중세의 천 년 전 기억이 나를 기다리고 있을 것 같은 이곳에서 아름다운 석양을 바라보고 싶었기 때문입니다. 하지만 하늘과 바다가 온통 희뿌옇기만 해서 노을빛 보기를 포기하고 새벽의 여명을 기대했는데, 오늘도 하루 종일 똑같은 풍경입니다.

런던 테이트(Tate) 미술관에 잔뜩 전시되어 있는 터너(Tuner) 그림의 배경 같은 이곳은, 이탈리아 북동쪽 아드리안 해안에 아늑하게 자리한 라벤나(Ravenna)라는 마을입니다. 내일 아침에 멀리 떨어진 볼로냐까지 가려면 불편할 것 같기는 해도, 이곳 성당의 모자이크 벽화와 비잔틴 미술의 흔적이 보고 싶어 일부러 들렀습니다. 시내의 모든 성당과 박물관까지 다 돌아다녔는데도 하루 해가 지지 않았으니 참 작은 마을이지만, 무언가 꽉 차 있는 것 같았습니다.

　호텔 전용 해변에는 관광철이 아니어서인지 단 한 사람도 보이지 않고, 폭풍 전야같이 새도 날아다니지 않았습니다. 아무런 배경도 없이 그네 하나만 동그맣게 놓여 있는 적막한 바닷가가 그냥 좋아져서 산책을 나갔습니다.

　회색빛 가득한 바다만을 바라보고 있으려니, 나는 아주 희미해지고 있었습니다. 나만 움직이지 않으면 모든 것이 잊혀지고 정지될 것 같아 그네를 타고 있었는데, 문득 눈에 들어온 먼 곳의 정경이 나를 슬프게 했습니다. 모래사장을 잔잔히 적시고 있는 평화로운 바다 저편, 높고 단단한 절벽에 마냥 부딪치고 있는 파도가 갑자기 세상을 살아가는 내 모습으로 보였기 때문입니다.

　지금 창밖에는 진한 어둠뿐입니다. 깊고 깊은 어둠의 저 바다에 바람이 불기 시작하는지 하얀 포말이 밀려오고, 절벽에 부딪칠 때마다 들려오는 가여운 파도의 울음소리가 그치지 않습니다. 그렇습니다. 나도 저렇게 울며 지낸, 한없이 울기만 하던, 어느 세월의 미련한 아픔이 있었습니다. 그러나 미련했던 그 아픔 없이는 황홀한 빛의 의미 또한 알 수 없었을 것입니다. 어느 시인의 글에 깊이 공감하면서 스스로를 위로하다 보니 편안해졌습니다.

절벽. 절해고도의 고마운 절벽. 내 말은 언제나 절벽에 부딪쳐 깨어져야 겨우 작은 빛이 되고 의미가 되었다. 비록 고통의 의미가 될지언정 내게는 그 부서진 포말만 황홀하게 기억될 뿐이다. 절벽은 자꾸만 높아만 간다. 나는 다시 부딪치러 달려가야 한다.

마종기의 〈이슬의 눈〉 표지글 중에서

당신의 하느님

　　피렌체에서 기차를 타고 오면서, 장 그르니에(Jean Grenier)의 〈섬〉을 재미있게 읽었습니다. 그 책을 처음 읽으며 가슴 설레던 지난날의 기억, 그 친밀감을 회상하다 보니 신기한 생각이 들었습니다. 미처 알 수 없었던 일이지만, 그때의 책읽기가 나에게 준 영향력이 참 크다는 것을 새삼 깨달았기 때문입니다. 나는 어쩌면 그때부터 내 느낌의 세계를 아주 진지하게 간직하기 시작했으며, 낯선 도시에 대한 비밀스러운 꿈도 지니게 되었는지 모릅니다. 아무튼 어릴 적과 젊은 시절, 그러니까 인생의 여명기에 무언가 마음속 깊이 새겨진 것은 치밀한 계획처럼 연속성을 갖고 있으며, 인간의 운명에 지속적으로 어떤 작용을 하고 있음이 분명한 것 같습니다.

어느덧 베네치아에 도착할 시간이 되었고, 언제부터였는지 차창에는 4월의 부슬비가 잔잔한 리듬처럼 흐르고 있었습니다. 베를리오즈(Berlioz)의 애수가 담긴 〈Harold in Italy〉의 비올라 선율이 피렌체의 밝은 햇살 속에서도 우울하게 들려오더니 드디어 구름을 불렀는가 봅니다.

내일의 힘든 일을 잘 견뎌내려면 오늘이 가기 전에 무엇으로 나를 채워야 할는지 불안해하면서 베네치아 역을 나섰습니다. 이 도시에서 내가 사는 힘을 얻을 수 있는 대상이 무엇일까를 생각하다 보니 불현듯 떠오르는 그림들이 있었습니다. 그래서 호텔에 체크인도 하기 전에 아카데미아 미술관(Galleria dell'Accademia)에 들러서 티치아노(Tiziano)의 그림 〈피에타〉만 보고는 구겐하임 미술관(Collezione Peggy Guggenheim)을 찾았습니다.

언젠가 오랫동안 감상하며 즐거워했던 피진 베일(Pegeen Vail) 그림의 동화적 순수를 다시 보고 싶었고, 잭슨 폴록(Jackson Pollock) 그림이 노을빛을 받는 전시실에서 쉬고 싶었기 때문입니다. 나의 계획된 예감처럼, 베일 그림에서 느껴지는 어릴 적 향수가 폴록 그림의 열정을 만날 때, 해는 이미 지고 있었습니다. 오늘이 만나는 옛날은 어쩔 수 없이 쓸쓸했지만, 내가 만나보고 싶어 하는 그림이 그곳에 여전히 있어 주어서 얼마나 고마웠는지 모릅니다.

베네치아의 구겐하임 미술관은 작은 규모이기는 해도, 페기 구겐하임이 수집한 그림들도 마음에 들고, 정원과 연결된 그곳의 카페도 좋아합니다.

오늘도 그 카페에서 커피를 마시며 베네치아의 어스름한 빛이 물 속으로 잠기는 정경을 바라보고 있는데, 문득 알비노니의 〈아다지오〉가 느린 춤을 추듯이 들려왔습니다.

그리운 사람이라도 만난 것처럼 반가워 나도 모르게 자리에서 일어나다가 눈물이 주르륵 흘러내려 당황했습니다. 깊은 슬픔이 예감되는 신비한 음률이 갑자기 그레고리안 성가처럼 들린 것은, 결국 나의 의지였을지도 모르겠습니다. 〈나를 불쌍히 여기소서〉의 눈물은 저절로 기도가 되었으며, 나는 조금씩 편안해지고 있었습니다. 운하를 따라 흐르는 가로등의 불빛이 도시의 역사보다도 깊어 보여서 잠시 막막했지만, 아름다운 것은 언제나 멀고도 하염없다는 생각으로 그곳을 떠났습니다.

창가에 앉아서 안개비가 어둠에 젖어드는 먼 바다를 바라보고 있으려니 보이지 않는 세월의 저쪽이 마냥 그리워집니다. 오늘도 이렇게 가는데, 누군가를 위해 기도하고 싶은 마음으로 시를 읽습니다.

당신의 하느님

마종기

당신이 기도하는 하느님은
여리고 예민한 분인지

만하임에서도, 베네치아에서도
혼자서 비를 맞고 계시더군.
당신의 착한 하느님은
그림자까지 비에 젖어서
날지도 않고 내 옆을 지나가셨지.
나는 떠나지 않기로 결심했어.

얼마나 작은 틈 사이로도
빗물은 스며들어 지나간다.
하느님의 물은 쉽게 지나간다.
작은 우리들의 시간 사이로 들어와
폭 넓은 빈 강 하나를 보여주신다.

여행의 젖은 옷을 말리며
추워진 공간의 벽을 말리며
먼 곳도 쉽게 보는 하느님의 눈이
가까이 가지 말라고 신호를 보낸다.
그간에도 세월이 화살같이 지나고
그 화살 몸을 찔러 피나게 해도
희망이여, 평생의 아픔이여,
영혼을 풍요하게 한다는 아픔이여.

나는 움직이지 않기로 했다.
그대가 내 안에서 쉬는 동안에

은밀한 상처를 조심해 만져도
당신의 투명한 하느님은 아시지,
돌아갈 길이 더 멀고 험한 것.
비에 젖어 살아온 몸이 떨린다.
우리를 자유롭게 하는 슬픔이 떨린다.

이슬의 눈

함부르크(Hamburg) 근처의 발트프린덴(Waldfrienden)이란 곳에 와 있습니다.

힘든 일정에 지치고 신경 쓰이는 일이 많을 때는 시내를 벗어나 한적한 곳에서 머물고 싶어집니다. 숲 속의 별장 같은 이 호텔은 주위 경관이 무척이나 아름답고 조용해서 새벽 산책만으로도 그동안의 피로가 사라질 것만 같습니다. 오늘 새벽에는 온갖 새 소리가 모처럼의 단잠을 깨웠지만, 즐거운 마음으로 일어나 새벽 산책을 나섰습니다.

아름다운 세상이 있다는 것을 처음 알게 된 것처럼 보이는 모든 것에 신비함이 느껴졌습니다. 산골짝의 산책길 따라 흐르는 도랑물이 너무나 맑고 투명해서 한참 동안 바라보고 있으려니, 나무 잎새마다 맺혀 있던 이슬방울들이 후드득후드득 눈물처럼 떨어지고 있었습니다. 어두운 밤이 지나갔다는 안도감으로 울고 있는 '이슬의 눈'은 맑고 깨끗했습니다. 그 '이슬의 눈'에 비친 내 십자가도 아침 햇살을 받아 영롱하게 빛나고 있었습니다.

이슬의 눈

마종기

가을이 첩첩 쌓인 산속에 들어가
빈 접시 하나 손에 들고 섰었습니다.
밤새의 추위를 이겨냈더니
접시 안에 맑은 이슬이 모였습니다.
그러나 그 이슬은 너무 적어서
목마름을 달랠 수는 없었습니다.
하룻밤을 더 모으면 이슬이 고일까,
그 이슬의 눈을 며칠이고 보면
맑고 찬 시 한 편 건질 수 있을까,
이유 없는 목마름도 해결할 수 있을까.

다음날엔 새벽이 오기도 전에

이슬 대신 낙엽 한 장이 어깨에 떨어져
부질없다, 부질없다 소리치는 통에
나까지 어깨 무거워 주저앉았습니다.
이슬은 아침이 되어서야 맑은 눈을 뜨고
간밤의 낙엽을 아껴주었습니다.
― 당신은 그러니, 두 눈을 뜨고 사세요.
앞도 보고 뒤도 보고 위도 보세요.
다 보이지요? 당신이 가고 당신이 옵니다.
당신이 하나씩 다 모일 때까지, 또 그 후에도
눈뜨고 사세요, 바람이나 바다같이요.
바람이나 산이나 바다같이 사는
나는 이슬의 두 눈을 보았습니다. 그 후에도
바람의 앞이나 바다의 뒤에서
두 눈 뜬 이슬의 눈을 보았습니다.

꽃

파리에서의 휴일이었는데도 이른 아침부터 잠이 깨어 한참을 뒤척이다가 결국 자리에서 일어났습니다. 어두운 창가에 멍하니 앉아 있으려니 느닷없이 어린 시절이 어제 일처럼 떠올랐습니다. 그리고 그후의 사춘기와 젊음이 보이기 시작했는데, 몇 살까지가 내 순수의 나이였는지 생각해 보았습니다.

결혼해 아이를 낳아 키우면서 현실을 열심히 살았다고 변명해보아도 결국 내 이기성에 의한 삶이었습니다. 스스로에게 항상 다짐하던, '산다는 것은 책임이다.' 가 과연 무엇이었을까를 자신에게 묻다 보니 부끄러움으로 머릿속이 뜨거워졌습니다.

프랑스 백년전쟁 때 잔다르크(Jeanne d'Arc)가 고문당하고 처형된 도시, 루앙에 가고 싶어져서 호텔을 나섰습니다. 마침 생라자르 역에 도착하자마자 기차가 떠나게 되어 루앙의 잔다르크 기념탑이 있는 곳에 도착했는데도 한 시간이 조금 지났을 뿐이었습니다. 일요일 아침 거리는 너무나 한산했고 쓸쓸했습니다.

잔다르크처럼 훌륭하게 살고 싶었던 어릴 적 마음으로 돌아가, 그녀를 묵상하고 잔다르크 거리를 걷다가 루앙 대성당을 찾았습니다. 하필이면 보수공사 중이어서 문은 닫혀 있었지만, 루앙 대성당은 모네(Monet)의 그림에서처럼 아침 햇살을 받는 모습으로 그곳에 있었습니다.

성당에서 가까운 곳의 카페를 찾아 커피를 마시면서, 모네가 그토록 집착했던 루앙 대성당을 그의 그림 감상하듯 한참 동안 바라보았습니다. 그에게 있어서 자연이나 사물은, 빛을 받는 형상으로서 신비한 색채의 세계였던 것 같습니다. 빛에 의해 정직하게 드러나는 어느 순간의 진실한 모습, 혹은 느낌에서 영원을 추구하고 싶었는지도 모릅니다.

언젠가 파리의 오르세 미술관(Orsay Museum)에서 〈세상을 떠나는 카미유 모네〉 그림을 바라보던 순간, 푸르스름한 죽음의 잿빛이 흐느끼며 울고 있는 것 같아 충격을 받은 적이 있었습니다. 세상의 마지막 빛을 받으며 떠나가는 아내의 모습을 어떻게 그릴 수 있었는지 놀랍기도 했습니다. 하지만 그의 눈에 가득 고여 있었을 눈물 때문에 그림 속의 빛줄기가 그렇게 번지며 흔들리고 있다는 생각이 들어서 가슴 아파했던 기억이 납니다.

보여지는 모든 것은 서로 상대적인 필연성을 갖고 존재할 것입니다.

그러나 상대에 대해 생각하는 마음이 깊어질수록, 언젠가는 헤어질 수밖에 없다는 절망감 또한 본능적으로 느끼게 됩니다. 불안하다 못해 공포이기도 한 그 슬픔이 그림 〈세상을 떠나는 카미유 모네〉 속에 있었습니다.

  우리 모두 헤어져 떠나야 하지만, "우리의 목숨은 갈 데가 있다."고 노래한 시가 생각납니다. 가파른 언덕 위에, 혹은 저 멀리 절벽 위에 잠시 피어난 꽃 한 송이라도 어떤 절실함으로 맺어졌다면 아름답겠지요.

꽃

김동리

우리의 한숨 하나 하나
눈물 방울 하나 하나
노래 하나 하나
그것은 모두 가서 맺어지리라

가파른 언덕 위에 꽃이 핀다……

우리의 목숨은 갈 데가 있다
게으른 나비처럼 봄볕에 졸고 있을지라도
시위 떠난 화살은 과녁을 향해 가는 것을

우리의 목숨 하나 하나
노래 하나 하나
눈물 방울 하나 하나
그것은 모두 가서 맺어지리라

극락과 지옥이 신선한 과일 함께
식탁 위에 놓인 정오

아아 까마득하게 쳐다보이는, 저 멀리
절벽 위에 핀 꽃이여.

종 소 리

유럽의 크고 작은 도시에서는 끊임없이 종이 울립니다. 큰 도시에서는 소음에 묻혀 잘 들리지 않지만, 도심에서 조금만 떨어져도, 특히 한적한 시골마을에서 가만히 귀 기울이면, 시간마다 혹은 30분마다 어김없이 울리는 성당의 종소리를 들을 수 있습니다. 어느 마을에서는 15분마다 종이 울리면서 시간의 흐름을 알려주었습니다. 그렇게 종소리를 듣고 있노라면, 나와 시간의 내밀한 관계가 신의 의지처럼 느껴져서 저절로 경건해집니다.

한때는 어느 종착역을 향해 가고 있는 듯한 시간의 흐름이 불안하고 두려웠으며, 허망스럽기도 했습니다. 나 또한 어디론가 알 수 없는 곳으로 정처 없이 떠밀려가고 있는 것만 같았습니다. 그러나 언제부터인가,

보이지 않는 힘이 내 삶의 시간을 영원으로 이끌고 있다는 생각이 들기 시작했습니다.

내가 젊었을 때는, 절에서 들을 수 있었던 종소리를 참 좋아했습니다. 그 시절에는 시간의 흐름에 대해서 생각해본 적은 없었지만, 세상의 아픔이 나에게 들려오는 듯했습니다. 누구인가 나의 무심함을 일깨워주는 것 같았는데, "당신의 긴 잠 깨우고 들어보세요." "내 아픔이 다할 때까지 들어보세요." 하며 애절하게 우는 소리로 들렸던 것입니다. 내 가슴이 아프지 않기 위해서라도 누군가를 돕고 싶어서 무척이나 애썼던 지난날이 생각납니다. 그러나 물질적인 어떤 도움이 인간 관계로 잘못 이어지게 되면, 서로에게 의외의 상처가 될 수 있다는 것을 알게 되었습니다.

아무튼 나의 의식세계는 많이 변했지만, 그 옛날이나 지금이나 종소리와 함께 떠오르는 비천상의 아름다운 모습을 그리는 마음만은 변함이 없습니다. 상원사의 범종에 새겨진 비천상을 바라보며, '나도 언젠가는 저 평화로운 모습으로 영원한 곳을 향하여' 라는 꿈을 가진 적이 있었습니다. 그 꿈이 그리워지면, 불현듯이 오대산에 있는 상원사를 찾아갔었고, 범종 앞을 오가며 세상의 번뇌를 벗은 비천상을 무척이나 부러워했습니다.

지난 겨울에는 온 가족이 용평 스키장의 콘도에서 며칠을 지내고 있었는데, 어느 날 새벽에 하염없이 내리는 눈을 바라보게 되었습니다. 갑자기 상원사의 비천상이 무척이나 보고 싶어졌고, 나는 어차피 스키를 탈 생각은 없었기 때문에 혼자서 길을 떠났습니다. 고속도로를 벗어나고 보니, 어디로 차가 갈 수 있는지 길이 전혀 보이지 않았습니다. 흰 눈 속으로 모든 것이 사라진 것 같았으며, 길 없는 순백의 세상이 하얗게 펼쳐져 있었습니다.

주유소에 들러 차 바퀴에 체인을 달고는, 나무들을 따라 길을 찾으며 곡예 운전을 했습니다. 눈 내리는 자연현상의 웅장함은 정말 굉장했습니다. 인간의 한계를 느낄 수밖에 없었지만, 그 때문인지 운전하느라 쩔쩔매면서도 오히려 편안했습니다.

눈길을 헤매다가 월정사까지 겨우 도착하고 보니, 차가 한 대도 보이지 않는 넓은 주차장에는 텅 빈 고요뿐이었습니다. 상원사로 올라가는 길을 제지하는 사람도 없었지만, 눈이 너무 엄청나게 쏟아져서 잠시 망설였습니다. 하지만 단 하나의 색상으로 세상의 죄를 덮고 있는 듯한 흰 눈의 신비함에 무조건 순종하고 싶었습니다. 험난한 계곡 길에 쌓인 눈을 2~3미터씩 치워가면서 겨우 겨우 차를 움직일 수 있었는데, 내 얼굴이며 손과 발은 아무 감각도 못 느낄 만큼 얼어붙는 것 같았습니다. 그보다는 차가 절벽 아래로 미끄러지면 죽을 수도 있는 위험한 상황이었습니다. 나의 무모함이 어이없기는 했지만, 그날의 설경은 너무나도 깨끗하고 완벽했으며, 그 무엇으로도 표현할 수없는 특별함이었습니다.

처음이면서도 마지막일 것 같다는 느낌으로 바라보았던 극도로 아름다운 경치에서 신의 무한한 모습을 볼 수 있었습니다. 미래에 이루어질 그분의 순결한 나라가 현재 속으로 들어와 어떤 형태로든지 간에 움직이고 있는 것 같기도 했습니다. 오직 하나의 선한 사랑을 이루기 위해 생성

과 소멸의 과정을 끊임없이 반복하며 창조하고 계시는 그분의 세상은 그지없이 아름다웠습니다. "나는 처음이며 마지막"이라는 말씀이 자꾸만 떠올랐고, 그분의 존재는 생명이며, 사랑이라는 한 생각만으로 참 기뻐했습니다. 그리고 기쁨의 그 순간, 나는 아무 사고 없이 무사하리라고 확신할 수 있었습니다.

나는 드디어 의심스러운 세상의 집착에서 하나씩 벗어날 수 있게 되었고, 그분의 평화로운 나라를 찾아가고 있다는 희망으로 즐거웠습니다. 그곳은 아마도 더 이상 외롭게 떠돌지 않아도 되는 시간의 종착역이며, 내 그리운 사랑의 본향일 것입니다. 그러한 믿음을 갖게 되어서인지, 이제는 허공에 울려 퍼지는 종소리가 나를 구원해주시려는 그분의 간곡한 음성처럼 들려옵니다.

너희는 마음에 근심하지 말라. 하나님을 믿으니 또 나를 믿으라. 내 아버지의 집에 거할 곳이 많도다. 그렇지 않으면 너희에게 일렀으리라. 내가 너희를 위하여 거처를 예비하러 가노니 가서 너희를 위하여 거처를 예비하면 내가 다시 와서 너희를 내게로 영접하여 나 있는 곳에 너희도 있게 하리라.

요한복음 14장 1~3

상 처

파리에서 남동쪽으로 약 30킬로미터쯤 떨어진 오베르(Auvers)라는 이 작은 마을에서 고흐는 권총으로 자살했습니다. 놀랍도록 예민한 그의 영혼이 감당하기에는 너무 힘든 삶이었다고, 그래서 그는 쉬고 싶었다고, 내가 대신 변명하면서 하루를 보냈습니다.

상처투성이의 그의 아픔을 전혀 기억할 수 없거나 혹은 까마득히 잊고 싶었는지, 오베르의 거리는 어디고 할 것 없이 봄꽃들의 축제가 한창이었습니다. 그가 세상을 떠나기 두 달 전쯤, 이곳에 도착했을 때도 오늘과 같은 화창한 봄날이었을 것입니다. 그러나 그가 오베르에 와서 그린 그림들 속에는 사랑의 관계가 이미 깨어진 것 같은 절망의 그림자와 불안의 극치가 배어 있으며, 혼자뿐일 것 같다는 두려움이 넘쳐 흐릅니다. 아무리 그려도 원하는 그림이 되지 않았을 때의 자책감 또한 그에게는 무서운 공포였을 것입니다. 아무튼 이곳에서 그는 70여 일을 매일같이 그림만 그리다가, 미친 듯이 그림만 그리다가, 어느 무더운 한 여름날에 혼자 떠났습니다. 슬픔의 깊은 늪에 빠진 동생 테오도 정신질환을 심하게 앓다가 얼마 뒤에 형을 쫓아갔습니다. 그들은 서로에게 너무나도 존재 의미가 컸으므로 절대로 헤어질 수 없는 사이였던 것 같습니다.

   고흐가 자기 내면의 모든 것을 털어놓을 수 있었던 유일한 대상이었으며, 경제적으로도 무작정 의지했던 동생이었습니다. 그러나 그의 전부였던 동생 테오가 결혼하고 아이가 태어났을 때 축복해주면서도 막중한 책임감이 그의 두 어깨를 짓누르는 게 현실이었습니다. 아마도 그는 동생에게 무거운 짐이 되고 있는 자신을 견딜 수 없어 하다가 세상을 떠났을 것입니다. 어쩌면 마음 놓고 사랑했던 동생에게만은 버림받고 싶지 않아서 미리 떠났을지도 모릅니다. 자기의 가족뿐만 아니라 고흐의 현실까지 책임져야 했던 동생의 아픔은 무엇으로도 세상에 남겨져 있지 않지만, 나는 그저 알 것 같습니다. 무엇보다 형을 사랑했던 그의 충격과 죄의식이 얼마나 비참했을지 생각하면 가슴속으로부터 눈물이 흐릅니다.

   산솟가의 신록은 새로운 생명이 느껴지는 신비의 연둣빛으로 가득했습니다. 고흐가 그토록 찾던 순수의 노란색이 보일 듯 말 듯 자꾸만 아른거려서 나도 그림을 그리고 싶었습니다. 연한 초록의 나무들 사이로 쏟아지는 5월의 햇살은 무척이나 눈부셨지만, 눈 감으면 무언가 "어둠 뒤로 / 숨었다가 나타나는 숲의 상처들"이 보였습니다. "그래서 이렇게 환하게 보이는 것인가." 나도 모르게 〈상처 2〉라는 시를 생각하면서 천천히 걸었습니다.

공동묘지 뒤쪽으로 난 나지막한 언덕길 끝으로는 돌담장이 병풍처럼 둘러져 있어 조용하면서도 무척이나 아늑했습니다. 그곳에는 빈센트 반 고흐와 동생 테오가 나란히 잠들어 있는 두 개의 무덤이 있습니다. 단순한 비석뿐 아무런 장식이 없는 형제의 무덤은, 아니 그들의 상처는 아이비 잎으로 풍성하게 덮여져 있었습니다. 담장 너머로는 반 고흐가 그린 〈까마귀가 나는 밀밭〉이 그가 누워 있는 무덤의 황량한 배경이 되어 멀리 보였습니다. 그 빈 들판 위로 바람이 불고, 세상의 "피곤한 / 상처들은 모두 신음 소리를" 내고 있었습니다.

상처 2

마종기

오래 먼 숲 헤쳐온 피곤한
상처들은 모두 신음 소리를 낸다.
산다는 것은 책임이라구,
바람이라구, 끝이 안 보이는 여정,
그래, 그래 이제 알아들을 것 같다.

갑자기 다가서는 가는 바람의 허리.

같이 있어도 같이 있지 않고
같이 없어도 같이 있는, 알지?
겨울밤 언 강의 어둠 뒤로
숨었다가 나타나는 숲의 상처들.

그래서 이렇게 환하게 보이는 것인가,
지워버릴 수 없는 그해의 뜨거운 손
수분을 다 빼앗긴 눈밭의 시야,
부정의 단단한 껍질이 된 우리 변명은
잠 속에서 밤새 내리는 눈먼 폭설처럼
흐느끼며 피 흘리며 쌓이고 있다.

조그만 사랑 노래

　창가로 비쳐 들어오는 노을빛에 잠이 깨었습니다. 눈을 뜨는 순간, 아침 햇살이 아니어서 깜짝 놀랐고, 낯선 곳에 누워 있다는 사실이 참 쓸쓸했습니다.
　나는 잠시 오늘이 무슨 날인지, 그리고 이곳이 어디인지 생각해보았습니다. 그러니까 어제 서울을 떠나 밤을 새운 긴 비행 끝에 도착한 이곳은 함부르크 북쪽의 호숫가이며, 일요일인 오늘 오후에 이 호텔에 체크인한 것 같습니다. 아마도 방에 들어서자마자 옷을 입은 채 잠시 침대에 누웠다가 잠이 들었었나 봅니다. 방 안 한 구석에는 아직도 제자리를 찾지 못한 트렁크 하나가 방금 도착했거나, 아니면 곧 떠날 듯이 그대로 놓여져 있었습니다.

잠에서 깨어났지만, 해가 이미 지고 있어서인지 무언가 사무치게 그립기만 했습니다. 불현듯이 어릴 적에 낮잠에서 깨어났을 때 엄마가 보이지 않으면 많이 아프다는 핑계를 대며 누워 있었던 기억이 떠올랐습니다.

그 옛날로 돌아가서 꼼짝 않고 누워 있으려니 창밖으로는 독일 북부의 겨울 하늘만 바라보였습니다. 뭉크(Munch) 그림의 공포보다도 짙어지고 있는 어둠 속으로 노을빛이 서서히 잠겨가더니, 검은 구름의 마지막 형상마저도 난해한 세상의 저 너머로 사라지고 말았습니다. 어두워진다는 것은 과연 빛의 몰락이구나 싶도록 캄캄해진 하늘에는 더 이상 아무것도 보이지 않았습니다.

피곤에 지친 내 넋은 오늘도 정화되지 못한 채 어제가 되는 시간 속으로 그렇게 흘러가고 있었지만, 나는 문득 배가 고팠습니다. 저녁 먹을 곳을 찾아 바람 부는 낯선 거리에 나서니 너무도 막막했는데, 갑자기 주위가 환해지더니 반가운 눈이 시처럼 내리기 시작했습니다.

조그만 사랑 노래

황동규

어제를 동여맨 편지를 받았다.
늘 그대 뒤를 따르던

길 문득 사라지고

길 아닌 것들도 사라지고

여기저기서 어린 날

우리와 놀아주던 돌들이

얼굴을 가리고 박혀 있다.

사랑한다 사랑한다, 추위 환한 저녁 하늘에

찬찬히 깨어진 금들이 보인다.

성긴 눈 날린다.

땅 어디에 내려앉지 못하고

눈뜨고 떨며 한없이 떠다니는

몇 송이 눈.

부　활

　　피렌체에서 며칠 동안 머물고 있는 전망 좋은 방의 창밖으로 아르노 (Arno) 강의 트리니타(Trinita) 다리가 바로 앞에 내려다보입니다. 700년 전의 단테(Dante)가 마주 걸어오던 베아트리체를 처음 보는 순간부터 사 랑에 빠졌다고 하는, 저 다리 위는 오늘도 많은 관광객들이 오가고 있습 니다. 운명의 그 순간에 대해서 읽은 기억 때문인지, 나는 매일같이 각별 한 마음으로 다리를 바라보았습니다.

　　밤안개 속에서 조명 빛을 받고 있는 창밖의 다리를 바라보고 있으려 니 내가 언젠가 그렸던 한강의 다리가 생각납니다. 지금은 양화대교라고 하는데, 그때는 개통한 지 얼마 되지 않았던 제2한강교였습니다. 아주 추 운 겨울날, 어떻게 그곳까지 가게 되었는지 잘 모르겠지만, 친구와 함께 걸었던 추억 속의 다리입니다. 공항으로 가는 길목이었던 그 다리 위에서 내 고향의 배경처럼 기억하고 싶은 한강을 실컷 바라보기로 작정했었던 것 같습니다.

우리는 강 건너에 별처럼 반짝이던 도시의 먼 불빛을 바라보며 무척이나 즐거워했습니다. 그날의 차가운 안개는 우리의 젊음만큼 신선했고, 미지의 세계를 향한 약속처럼 우리를 새롭게 했습니다. 수은등 아래에는 푸르다 못해 참 신비한 보랏빛이 감도는 물안개가 구름처럼 피어올랐는데, 그날 밤 이후로는 그토록 환상적인 색채의 안개를 다시 볼 수 없었습니다. 어둠을 덮으면서 아주 조용히 퍼져 나가던 밤안개의 자욱함이 얼마나 비밀스러웠는지 모릅니다.

그날 밤에 바라본 다리의 풍경을 화폭에 담아 친구에게 선물하고 나는 고국을 떠났습니다. 그림을 그리던 먼 옛날은 강물의 흐름처럼 지나갔지만, 그림 속에 담았던 내 꿈은 아직도 그 어느 곳에 여전히 남아 있을 것입니다. 그래서 지금이라도 저 트리니타 다리 위를 걸어가면, 그 아래에는 한강이 흐르고 그리운 얼굴들이 사방에서 걸어올 것 같습니다.

부 활

서정주

내 너를 찾아왔다…… 유나(臾娜). 너 참 내 앞에 많이 있구나 내가 혼자서 종로(鐘路)를 걸어가면 사방에서 네가 웃고 오는구나. 새벽닭이 울 때마다 보고 싶었다…… 내 부르는 소리 귓가에 들리더냐. 유나, 이것이 몇 만 시간 만이냐. 그날 꽃 상부(喪阜) 산 넘어서 간 다음 내 눈동자 속에는 빈 하늘만 남더니, 매만져볼 머리카락 하나 머리카락 하나 없더니, 비만 자꾸 오고…… 촉(燭)불 밖에 부엉이 우는 돌문을 열고 가면 강물은 또 몇 천 린지,
한번 가선 소식 없던 그 어려운 주소(住所)에서
너 무슨 무지개로 내려왔느냐.
종로 네거리에 뿌우여니 흩어져서
뭐라고 조잘대며 햇볕에 오는 애들.
그 중에도 열아홉 살쯤 스무 살쯤 되는 애들.
그들의 눈망울 속에, 핏대에, 가슴속에 들어앉아
유나! 유나! 유나! 너 이제 모두 다 내 앞에 오는구나.

안개 속에

　　회의실 창밖으로는 5월의 햇살이 눈부시게 쏟아지고 있었고, 나는 얼마만큼이나 더 화를 내면서 일해야 하는지 기막혔습니다. 내가 과연 보람 있는 일을 하고 있는지에 대한 의문도 생겼습니다. 어쨌거나 파리에서 예정보다 며칠 더 머물게 되었고, 답답하기 그지없는 회의를 하며 결정해야 할 일거리들은 또다시 늘어났습니다. 나는 너무 지치고 우울해져서 점심 약속도 취소한 채, 모네가 말년에 살던 집이 있는 지베르니(Giverny)를 찾아갔습니다. 지베르니의 정원에 가득히 피어 있을 아름다운 꽃들과 연못에 떠 있는 수련의 편안한 모습을 바라보며 오후 시간을 보내고 싶었습니다.

　　드넓은 꽃밭에는 많은 꽃들이 각기 다른 모습과 온갖 색상으로 피어 있었는데, 내가 모르는 꽃들이 그렇게 많은 줄 몰랐습니다. 그래서 해바라기나 장미처럼 이름을 아는 꽃을 보면 옛 친구라도 만난 듯이 반가웠습니다. 간간이 불어오는 미풍에 향기를 내어주며 수줍게 화답하는 봄꽃들의 요염함은 절정을 이루고 있었습니다.

초록이 한창인 연못가에서 그가 집요하게 그리고 또 그리고 마냥 그리던 수련을 하염없이 바라보고 있으려니 나도 그림을 그리고 싶었습니다. 오랫동안 잊고 있었던 나의 꿈이 생각나서 상상의 화폭에 그림을 그렸습니다. 밝고 따뜻한 빛을 받고 있는 수련의 모습뿐만 아니라, 그 빛을 반사하며 반짝이는 물빛의 움직임까지도 내 느낌의 색채로 표현하면서 즐거웠습니다. 그러나 시간이 지남에 따라 내일 할 일이 자꾸만 떠올라서 그곳을 떠나야 했습니다.

기차역을 찾아 천천히 걷다보니, 타는 듯한 석양빛으로 그토록 열정적이던 전원 풍경도 내 꿈처럼 조금씩 연해지며 어스름한 안개 속으로 사라지고 있었습니다. 어둠이 깃들면서 내 속에는 쓸데없는 세상의 걱정이 점점 쌓이기 시작했습니다. 해 지는 들녘에 서서 헤세의 시 〈안개 속에〉에 나오는 "이제 내 둘레에 안개 가득 드리우니 / 모두 사라지고 자취조차 없구나"를 중얼거리고 있었는데, 그제야 문득 당신이 생각났습니다.

아름다운 당신의 세계를 보여주시면서 나와 함께 계셨던 당신을 하루 종일 잊고 있었던 것입니다. 그러나 "당신의 영을 떠나 내가 어디로 갈 수 있겠습니까?" 기차를 타고 파리로 돌아오는 차창 밖은 짙은 어둠을 가르는 속도뿐이었지만, 당신의 평화를 구하면서 오랫동안 기도했습니다.

안개 속에

헤세(H. Hesse)

야릇하다, 안개 속을 헤매는 것은
풀숲이며, 돌덩이며, 저마다 외롭구나.
어느 나무도 다른 나무를 보지 않으니
모두가 외따로 혼자 있는 것이다.

나의 삶도 빛으로 넘실거릴 적에는
세상의 벗들로 가득했으나
이제 내 둘레에 안개 가득 드리우니
모두 사라지고 자취조차 없구나.

소리도 없고 또한 피할 수도 없이
모든 사람들로부터 우리를 가르는
이 어둠의 정체를 모르고서는
누가 지혜로울 수 있을 것인가.

야릇하다, 안개 속을 헤매는 것은
인생은 본래가 외로운 것이다.
여느 사람도 다른 사람을 알지 못하니
모두가 외따로 혼자 있는 것이다.

귀 천

파리에서 맞게 된 모처럼의 휴일이어서 몽마르트 공원묘지를 찾았습니다.

그곳에는 내가 좋아하는 한적한 길이 있는데, 단아한 모습의 나무 벤치에 앉아 이름 모를 새들이 끝도 없이 지저귀는 소리를 듣고 있으면 참 즐거워집니다. 오늘도 초록의 나무들이 우거진 그 길목을 찾아 걸으며, 아름다운 세상을 보여주시는 당신의 특별한 은혜에 감사했습니다. 나도 언젠가는 "아름다운 이 세상 소풍 끝내는 날" 하늘로 돌아가서 참 아름다웠다고 말할 수 있을 것 같습니다.

에밀 졸라(Emile Zola)를 지나고 베를리오즈 산솟가에서 〈환상 교향곡〉의 사랑을 생각하며 서 있는데 갑자기 어두워졌습니다. 잿빛 구름이 하늘을 덮으며 무겁게 내려앉더니 끝내는 비가 내리기 시작했습니다. 하이네(Heine) 동상을 받치고 있는 하얀 돌기둥에 새겨진 나비와 장미 조각은 시가 되어 흐르고, 그 아래 여전히 놓여 있는 꽃다발들도 비에 젖고 있었습니다. 움직일 수 없는 것들이 슬픔으로 젖는 모습을 무심히 바라보다가 그곳을 떠났습니다.

어쩌면 묘비에 씌어진, 언제 태어나서 언제 세상을 떠났는지가 인간의 가장 정확한 진실이며, 또 전부일 것 같다는 생각이 듭니다. 그래서 나는 인간이 이루어낸, 어떠한 행적보다도 당신의 아름다운 세상을 문학이나 예술로써 승화시킨 영원성을 존경합니다.

귀 천

천상병

나 하늘로 돌아가리라.
새벽빛 와 닿으면 스러지는
이슬 더불어 손에 손을 잡고,

나 하늘로 돌아가리라.
노을빛 함께 단 둘이서

기슭에서 놀다가 구름 손짓하며는,

나 하늘로 돌아가리라.
아름다운 이 세상 소풍 끝내는 날,
가서, 아름다웠더라고 말하리라……

생명의 빛

    우리는 다른 사람들과 혹은 자기 내면이 추구하는 무엇과 끊임없이 새로운 관계를 맺으며 살고 있습니다. 세상에 태어나는 순간부터 세상을 떠날 때까지의 삶이 관계의 연속인 것입니다. 특히, 사람들과의 관계를 통해서 우리는 많은 영향을 주고받게 되며, 기쁨과 슬픔, 행복과 불행 등의 온갖 감정에 빠지기도 합니다.

    어떤 사람과의 만남 때문에 삶의 어느 부분이 성공하기도 하고 실패하는가 하면, 같은 일이라도 어떤 사람이 맡아 하느냐에 따라 잘될 수도 있고 엉망이 될 수도 있습니다. 그러니까 결국 우리가 미처 깨닫지 못하고 있어도 어떤 대상과의 사이에 형성되는 관계의 구조가 모든 것의 근본이 되는 것입니다. 그리고 그 관계 구조의 사이에는 보이지 않는 영적 존재의 힘이 분명히 작용하고 있으며, 그것은 자연과의 관계에서도 마찬가지입니다.

    자연환경은 인간이 살아갈 수 있도록 먼저 창조되었기에 모든 생명의 배경이 됩니다. 우리에게는 보다 근원적이고 소중한 대상일 뿐만 아니라, 세상 일이나 사람들과의 관계에 지쳤을 때는 자연의 아름다움과 말없음에서 위로받을 수도 있습니다. 자연의 깊고 깊은 정적 속에는 무한한 사랑이 생명 에너지로서 존재하고 있기 때문입니다. 그러나 이 세상에 존재하는 모든 것과 마찬가지로, 절대적인 무엇으로 존재하기 위해서는 누군가가 간절히 원하고 생각해야만 합니다. 이것이 관계의 순수한 법칙이며 또한 관계의 시작인 것입니다.

    우리는 누구나 무엇에 긍정적인 마음으로 이끌리게 되었었거나 혹은 무조건 부정하며 피하고 싶었던 기억을 갖고 있습니다. 그리고 그 대상과의 관계에서 이미 예감했을지도 모르는 무엇이 이루어졌을 것이며, 그것이 우리에게 어떤 의미가 있었는지도 깨닫게 됩니다. 그 순간, 우리는 어느 사이에 신의 영역인 전체에 속하게 되는 것이며, 그 관계 구조의 내막은 종교적인 관조를 통해서 경험할 수 있습니다. 다시 말해서 우리를 감싸고 있는 지극한 사랑을 내 안에 받아들이면, 마음에 투영된 것을 보고 예지할 수 있는 영적인 눈을 뜨게 됩니다. 우리 내면의 빛과 어둠의 모습이 보이기 시작하고, 그 빛과 어둠의 관계가 어떻게 우리의 삶에 영향을 끼치게 되는지도 느낄 수 있습니다.

    하지만 우리가 아무리 밝은 빛을 갈망해도, 세상 사는 일은 예기치 못한 감정의 소용돌이 속에서 부대낄 수밖에 없는 것입니다.

이때 우리를 지배하게 되는 어두운 부정의 힘에서 벗어나지 못하면 사소한 일에도 상처받기 쉬우며, 그래서 겪게 되는 고통, 분노, 절망감 등은 나쁜 운을 스스로 만드는 계기가 됩니다. 그렇기 때문에 마음의 평화를 찾아 자신을 지키는 것이 얼마나 중요한지 모릅니다. 기도나 명상 등을 통한 자기 수양의 방법도 있지만, 일상생활에서 기회 있을 때마다 자주 자주 눈을 돌려 아름다운 자연을 바라보는 습관을 갖게 되면 많은 도움이 됩니다.

창조의 오묘한 신비를 느끼며 그저 바라만 보고 있어도, 참으로 놀라운 긍정의 힘을 얻을 수 있습니다. 자연 그 자체뿐만 아니라, 창조 세계의 아름다움을 노래한 시와 그림 그리고 음악 등 예술 작품에도 우리가 미처 알 수 없는 신적 요소가 긍정적으로 작용합니다. 어느 한순간이라고 해도, 대상을 향한 진실한 마음, 그 아름다운 느낌의 세계를 영원으로 승화시킨 좋은 작품 속에는 우리의 마음을 선을 향해 움직이게 하는 혼이 깃들어 있기 때문입니다. 보이지는 않지만, 이러한 관계의 영원성은 인간의 지식으로 판단하고 분석할 수 있는 미시세계의 현상이 아닐 것입니다. 눈앞에 드러나는 개별적이고 구체적인 모든 요소들을 다 모아놓는다고 해서 전체로서의 진실인, 거시세계의 깨달음이 될 수 없듯이 말입니다.

양자물리학에서도 미시세계, 즉 원자 단위에서 일어나는 일이 거시세계의 축소판이 아니라고 했습니다. 그러니까 가장 작은 단위의 최소의 것이 단순한 물질이 아님을 확인했으며, 시간의 흐름에 따라 그 상태가 달라질 수도 있다는 것입니다. 움직임을 예측할 수 있고, 관성의 법칙에 지배되는 물질이 세계를 구성하는 기본요소가 아니라는 사실을 인정할 수밖에 없습니다. 원자를 구성하는 전자나 핵 등은 더 이상 같은 성질의 물질일 수 없는 일종의 장이며, 이 장들이 서로 응집해 입자가 생긴다는 것도 증명되었습니다.

그러니까 인간뿐만 아니라, 현실세계를 구성하는 모든 물질들은 일종의 에너지 장을 갖고 있으며, 모든 상황과 사물의 내면에서 우리를 둘러싸고 있는 것입니다. 그리고 그 에너지 장은 긍정과 부정을 오가는 불안한 요소로 작용하면서 우리의 삶을 운명처럼 지배하기도 합니다. 그러나 이러한 선악의 에너지를 움직이는 절대의 힘은 신의 내적인 생명뿐입니다.

그 생명의 진리가 우리의 삶을 빛의 세계로 이끌어주고 있음에 확신을 갖게 되면, 모든 불안과 두려움이 사라지고 놀랍게도 편안해집니다. 스스로 사랑이시며 말씀이신, 하나님께서 세상을 창조하시고는 보기에 좋다고 하셨습니다. 우리도 세상의 아름다움을 바라보며 감사할 수 있다면, 그분의 사랑과 내밀한 관계를 맺는 것입니다.

나는 성경의 〈창세기〉와 〈요한복음〉의 처음에서 설명하는 창조의 신비를 기쁨으로 받아들이며, 말씀이신 사랑의 하나님을 깊이 묵상하기 시작했습니다.

태초에 말씀이 계시니라. 이 말씀이 하나님과 함께 계셨으니 이 말씀은 곧 하나님이시니라. 그가 태초에 하나님과 함께 계셨고, 만물이 그로 말미암아 지은 바 되었으니 지은 것이 하나도 그가 없이는 된 것이 없느니라. 그 안에 생명이 있었으니 이 생명은 사람들의 빛이라. 빛이 어두움에 비치되 어두움이 깨닫지 못하더라.

요한복음 1장 1~5

생명의 힘

　프랑크푸르트(Frankfurt)에 도착한 지 며칠이 지났지만, 공항 안에 있는 셰라톤 호텔을 벗어나지 않아서 아직도 밖의 공기는 들이켜지도 못했습니다. 호텔 지하에 있는 컨퍼런스 룸에서 하루 종일 회의하고, 호텔 식당 몇 군데를 번갈아 돌며 식사하는 일, 그리고 방으로 올라와 멍하니 앉았다가 목욕하고 수면제에 의지해 자는 일, 그 이외에는 다른 세상이 없었습니다. 가끔씩 커튼을 젖히고 창밖을 내다보면 어둠 속에서 매일같이 눈이 내렸습니다. 눈이 너무 많이 내려서 강이 넘치는 홍수가 일어난다고 난리지만, 나는 런던에서의 일정 때문에 비행기가 뜨고 내리는 데 차질 없기만 바랐습니다.

　내일의 책임을 잊고 싶어 약을 먹었는데도 잠 못 이루다보면, 하루하루의 힘든 일상이 상처처럼 느껴집니다. 오늘도 밤은 깊었고, 창가에 앉아 눈 내리는 모습을 그저 바라만 보고 있었습니다. 캄캄한 어둠 속의 흰 눈이 너무 희어서인지 고통스럽게 느껴지고 있었는데, 문득 전혜린의 수필 〈밤이 깊었습니다〉를 공감하며 읽었던 기억이 떠올랐습니다. 생이 위대한 대낮이라면 죽음은 밤이어서 모든 투쟁의 종언인 휴식을 뜻하므로, 괴로운 사람일수록 밤을 사랑한다는 그녀의 글이 생각났습니다. 그녀는 아마도 모순과 갈등, 연민과 환멸이 한없이 이어지는 삶의 여정을 끝내고 영원히 쉬고 싶었을 것입니다.

나도 오늘은 그녀가 사랑한 밤을 그리워한 것 같습니다. 하지만 세상의 일에 괴로워하는 나를 슬픔으로 바라보시며, 기쁨을 주고 싶어 하시는 당신의 사랑 또한 같이 느껴져서 나도 모르게 울고 있었습니다. 당신은 나를 움직이게 하는 생명의 힘입니다.

기탄잘리 4

타고르

내 목숨의 목숨이여,
내 몸 언제나 청정케 하겠습니다.
님의 숨결 내 온몸에 여울져 옴을 알고자—

언제나 모든 거짓으로부터
내 생각 지키겠습니다
내 심중에 이성의 등불 밝힌 진리가
바로 님이심을 알고자—

언제나
나는 모든 악을 추방하여
내 사랑의 꽃 피어 있게 하겠습니다
내 마음 깊은 곳에
님 계심을 알고자—

또 내 몸가짐 가운데
님의 모습 엿보이게 하겠습니다
내 행동에 힘 더해 주실 분
바로 님이심을 알고자—

두렵고 떨리는 마음으로

혹독했던 겨울이 지나고 봄빛이 눈부실수록 하루하루를 감당하며 사는 일이 견딜 수 없이 힘들어지고 있었습니다. 사람들 앞에서는 항상 아무렇지도 않아야 했지만, 그들을 떠나 차를 운전하게 되는 혼자만의 시간이 되는 순간부터 쏟아지기 시작하는 눈물은 그칠 줄을 모르고 흘렀습니다.

나는 언제라도 괜찮을 줄 알았는데, 내 속의 내가 다 빠져나가며 나를 버리는 것 같았습니다. 자신에게조차 배반당한 것 같은 느낌은 너무나 참담했으며, 링거 주사로는 더 이상 버틸 수 없다는 것을 깨달았습니다. 드디어 모든 일에서 벗어나 며칠만이라도 쉬어야겠다는 어려운 결정을 내리고 무작정 떠났습니다.

내 영혼이 상처받아 아프고 지쳤을 때나 너무 외로워지면 미술관을 찾아가고 싶어집니다. 내가 좋아하는 그림이 그곳에 변함없이 있다는 것만으로도 나를 기다려준 님을 만나는 듯한 기쁨이며, 큰 위로가 되기 때문입니다.

프랑스 남쪽의 미술관들을 돌아다니면서 만난 야수파(野獸派, fauvisme) 그림들은 밝은 태양빛의 당당한 유혹이었지만, 나는 자꾸만 쓸쓸해져서 예정보다 일찍 니스(Nice)를 떠났습니다. 야수파의 색채 실험도 입체파(立體派, cubism)의 형태적 실험도 모두 역동적이기는 하지만, 인간 내면의 시적 아픔이 느껴지지는 않았습니다. 나는 세상의 지식과는 전혀 상관없이 나만의 시가 읽혀지는 그림을 좋아합니다.

독일에서는 바이마르 시기의 대표적인 후기 표현주의 그림들을 위주로 감상했는데, 그 그림들이 지닌 깊은 우수의 우울함이 오히려 나를 극복하는 힘을 주었습니다. 그리고 인간의 내적 정서를 이루고 있는 본질은 불안이라는 것과 그것을 표현하는 방법이 얼마나 주관적일 수 있는지도 새삼 깨달았습니다. 그러나 그림보다도 밤하늘의 별이 참 인상적이었던 독일 여행이었습니다. 화려하게 빛나는 수많은 별무리 속에는 어둠 속으로 묻히고 싶어 하는 별 하나의 슬픈 모습이 항상 보였습니다.

그 희미한 하나의 별빛을 찾아 나일 강변과 마인 강변의 호텔 창가에서 밤이 깊도록 그저 바라만 보았습니다. 그러나 내가 아무리 바라보아도, 보다는 지독한 그리움으로 서로 당기고 이끌려도, 중력의 법칙에 의해 제자리를 지키는 밤하늘의 별들이었습니다.

그 어김없음의 거리감은 내 슬픔처럼 깊은 어둠이었지만, 어둠이 깊어질수록 별빛의 존재가 소중하게 느껴졌습니다. 그리고 아름다웠습니다. 아름다움은 일순간 나를 변화시키며, "멀리 있는 줄만 알았던 당신"을 찾게 해주었습니다. 당신의 성스러운 그 무엇이 내게 생명처럼 스며들고 있었습니다.

두렵고 떨리는 마음으로

마종기

봄밤에 혼자 낮은 산에 올라
넓은 하늘을 올려보는 시간에는
두렵고 떨리는 마음으로
별들의 뜨거운 눈물을 볼 일이다.
상식과 가식과 수식으로 가득 찬
내 일상의 남루한 옷을 벗고
두렵고 떨리는 마음으로, 오늘밤,
별들의 애잔한 미소를 볼 일이다.

땅은 벌써 어두운 빗장을 닫아걸어
몇 개의 세상이 더 가깝게 보이고

눈을 떴다 감았다 하며 느린 춤을 추는
별밭의 노래를 듣는 침묵의 몸,
멀리 있는 줄만 알았던 당신,
맨발에, 두렵고 떨리는 마음으로.

가을의 기도

    스위스 바젤 근교에 있는 바이엘러(Beyeler) 미술관의 윈터 가든(Winter garden)에서 쉬고 있습니다. 아무도 없어 조용함만이 나를 반기는 이곳은 청명한 가을 햇살이 가득하고, 전면 전체가 유리로 된 창밖으로는 전원의 목장 풍경이 너무도 평화롭습니다. 넓게 펼쳐져 있는 푸른 잔디의 언덕 여기저기에 누워 있는 젖소들의 한가로운 모습이 그림동화 속의 한 장면 같기만 합니다. 언덕 위의 성당은 맑고 깨끗한 푸른 하늘을 배경으로 더없이 정결하고 성스럽게 보입니다. 나는 순백의 옷이라도 입고 싶은 심정으로 당신께 편지를 씁니다.

    이 바이엘러 미술관은 내가 좋아하는 건축가 렌초 피아노(Renzo Piano)의 설계로 지었는데, 작년에 개관했다는 소식을 듣고는 일부러 시간을 내어서라도 꼭 들러보고 싶었습니다. 정원에서 이 건축물을 바라보는 순간, 자연과 아름다운 조화를 이루어낸 인간의 열정에 경이로움이 느껴졌습니다. 미술관 외벽의 벽돌 색은 땅의 안정감이 스며 있는 듯 편안하고, 투명한 철제로 된 지붕은 가을 하늘의 흰 구름처럼 가볍게 떠 있는 것 같았습니다.

전시실 내부는 하얀 그물망처럼 보이는 천장과 유리 지붕 사이로 자연광이 투과되기 때문에, 그 햇빛의 강도와 움직임에 따라 작품을 다양한 느낌으로 감상할 수 있었습니다. 작품 하나하나와 태양광선이 의외의 관계를 이루고 있었는데, 특히 모네와 지오메티(Giometi)의 전시실은 참 인상적이었습니다.

모네 전시실의 창밖으로 바라보이는 아담한 연못에는 수련의 초록 잎이 가득해, 벽에 걸려 있는 수련 그림의 아름다운 고향이 되어주고 있었습니다.

더군다나 어린아이들이 전시실 바닥에 엎드려 그림을 그리고 있어서 나는 한참 동안 그 방에서 시간 가는 줄 몰랐습니다. 자연의 빛을 받으며 완벽한 아름다움으로 창가에 전시되어 있던 지오메티의 조각품들도 애수 어린 긴 그림자를 드리우고 있어서 그 곁을 떠나기가 아쉽기만 했습니다.

바이엘러 씨가 수집한 미술품들은 기대 이상으로 좋아서 이곳까지 잘 찾아왔다는 생각이 듭니다. 물론 그가 스위스 인이어서겠지만, 클레와 지오메티의 좋은 작품들이 유난히 많은 것 같습니다. 클레의 그림을 바라보고 있으면 색채의 신비를 탐구하며 실험한 것 같은, 수학적인 머리의 지성이 느껴져서 감동보다는 감탄을 일으킵니다. 그럼에도 불구하고 그의 그림은 어릴 적에 읽은 동화 같기도 하고, 그리운 동요의 단순한 음률을 생각나게 해줍니다.

무엇보다도 이곳에서 마크 로스코(Mark Rothko)의 그림들을 만난 것은 정말 뜻밖이었습니다. 어느 추운 겨울날, 무지하게 불어대는 강바람을 맞으며 런던 시내를 걷다가 갑자기 테이트 미술관(Tate Britain Gallery)을 찾아갔던 적이 있었습니다. 그곳의 로스코 전시실에서 눈물 닦을 겨를도 없이 실컷 울고 나서 편안해졌던 기억 때문인지 언제라도 그의 그림 앞에 서면 위로받고 싶어집니다.

그의 독특한 색감으로 채워진 색면과 색면, 그 사이를 잇고 있는 선에서 느껴지는 애절함은 참 각별합니다. 어떠한 만남으로도 이루어지지 않는, 그래서 결코 완성시킬 수 없는 선 아닌 선, 그곳에는 간신히 참아내고 있는 그의 목마름과 깊은 외로움이 고여 있는 것 같았습니다. 그래서인지 로스코 그림 속의 색면은 보이지 않는 시어처럼 보여집니다. 그리고 그 시가 상처의 아픔처럼 읽혀지면, 인간의 슬픔은 필연적이라는 생각이 저절로 듭니다. 그러나 오늘 바라본 그의 그림 속에서는 오랫동안 잊고 있었던, 아니 잊으려 애쓰면서 외면해온 당신의 사랑이 핏빛으로 배어 있었습니다.

당신만이 내 영혼의 깊은 상처, 그 비참함을 치유해주실 것을 믿고 있지만, 나는 아직도 가슴이 많이 아픕니다. 그래도 당신께서는 조금씩 극복되어지는 내 아픔을 지켜보시며, 여전한 사랑으로 나를 보살펴주고 계십니다. 세상의 아름다움을 느끼게 해주신 오늘의 축복에 감사드리며, '가을의 기도' 를 당신께 드립니다.

가을의 기도

김현승

가을에는
기도하게 하소서……
낙엽들이 지는 때를 기다려 내게 주신
겸허한 모국어로 나를 채우소서.

가을에는
사랑하게 하소서……

오직 한 사람을 택하게 하소서,
가장 아름다운 열매를 위하여 이 비옥한
시간을 가꾸게 하소서.

가을에는
호올로 있게 하소서……

나의 영혼,
굽이치는 바다와
백합의 골짜기를 지나,
마른 나뭇가지 위에 다다른 까마귀같이.

아름다운 세상의 신비

    세상의 어느 아름다운 도시라고 해도 내가 너무 지치고 힘들어지면, 사람들뿐만 아니라, 보이는 모든 것이 낯설기만 해서 어디론가 숨고 싶어집니다. 그럴 때면, 바다나 강 혹은 호수가 바라보이는 창가에 멍하니 앉아 하늘을 바라봅니다. 해가 뜨고 지는 하늘의 웅장한 모습을 오랫동안 바라보고 있으면, 보잘것없이 작은 나를 무조건 감싸안으시는 당신의 너그러운 사랑을 느낄 수 있습니다. 그러니까 당신은 보이지 않는 향기이며 위로이고 따뜻함이어서 세상 사는 힘이 되어줍니다.

    언제부터였는지 이제는 어디론가 떠나기 전에 공항에서 보내야 하는 막막한 시간들도 소중해지고 있습니다. 때때로 어느 먼 나라의 공항 라운지에 혼자 앉아 어둠이 내리는 활주로를 바라보고 있노라면, 쓸쓸함으로 내 속 가득히 눈물이 맺히기도 합니다. 그러나 지금 이렇게 세상 어느 곳을 향해 혼자 떠나는 것이 나의 본향인 당신께 좀더 가까이 가는 길이라고 생각하면 마음이 아주 편안해집니다.

어제 서울을 떠난 기내에서 밤을 꼬박 새우며 긴 비행을 한 끝에 이곳 암스테르담 공항에 도착했는데, 베네치아로 가는 비행기가 지연된다니 너무 속상했습니다. 일정이 한번 어긋나면 여기저기 연락도 해야 하고, 아무튼 신경이 날카로워지니까 짜증만 났습니다. 무언가 일이 잘못될 것 같아 불안했는데, 문득 창밖을 바라보니 드넓은 활주로 끝, 지평선을 이고 있는 푸른 하늘에 붉은 색이 스며들고 있었습니다. 물감을 풀어놓은 듯이 연하게 번지고 있는 황혼의 빛이 너무나도 맑고 깨끗했습니다. 나는 창가로 자리를 옮겨 앉았으며, 세 시간이 지나도록 꼼짝 않은 채 하늘을 바라보았습니다. 흰 구름의 갖가지 형상을 붉디붉게 물들이며 떠나가는 태양의 모습이 얼마나 황홀했는지 모릅니다. 붉은 해가 남긴 여운은 결국 헤어짐이었지만, 그렇게 남겨진 보랏빛의 애틋함을 목숨처럼 감싸안고 싶었습니다.

내가 무슨 자격으로 그토록 아름다운 세상의 신비를 그저 바라볼 수 있었는지 모르겠습니다. 아마도 당신께서는 작은 일에 피곤해하며 스스로 망가지려는 나에게 보다 큰 감동의 세계를 보여주고 싶으셨는가 봅니다. 어느덧 어둠이 짙어지고 활주로의 불빛을 배경으로 피곤한 내 모습이 창가에 비치기 시작했지만, "님은 나를 영원으로 만드시니" 감사하는 마음입니다.

기탄잘리 1

타고르

님은 나를 영원으로 만드시니
이는 님의 기쁨이십니다.
님은 이 여린 그릇을 거듭 비우시고
언제나 맑은 생명으로 가득 채워 주십니다.

이 작은 한 잎 갈대피리를
산으로 계곡으로 님은 지니시고
영원히 새로운 가락을 불었습니다.

불사(不死)이신 님의 손길에
나의 작은 가슴은 기쁨에 넘쳐
헤아릴 수 없는 소리로 외치옵니다.

님의 무한한 선물은 내게로 오나
다만 아주 작은 내 두 손으로 받으올 뿐.
많은 세월 흘러도
님은 끊임없이 나려 주시나
아직 채우실 자리가 남아 있습니다.

맑고 잔잔한 레이만 호여

    브베(Vevey)는 스위스 레이만 호숫가의 작은 마을입니다. 호수의 물빛과 하늘빛이 얼마나 아름다운지, 너무 아름다워 며칠째 섧도록 바라보고 있습니다. 티끌 하나 없이 맑고 깨끗한 푸른 하늘을 배경으로 눈 덮인 산봉우리가 눈부시게 반짝이고, 초록의 우거짐과 예쁜 꽃나무들의 싱그러움이 눈물겨울 만큼 아름답습니다. 밝은 빛을 받는 투명한 풍경과 그림자의 대비가 더없이 선명해, 어린아이가 그린 풍경화를 바라볼 때처럼 즐거운 마음입니다.

    오늘도 아침을 맞는 레이만 호수는 어찌 저리도 잔잔하고 고운지 세상의 모든 순한 눈물이 모여 기도하고 있는 것 같습니다. 이제 또다시 하루의 해가 지고 어둠이 내리면, 물소리 작게 들리는 호숫가에 앉아 시를 생각하다가 당신을 찾을 것입니다.

맑고 잔잔한 레이만 호여

바이런(Byron)

1

티없이 맑고 잔잔한 레이만 호여!
그대를 우리들의 거친 인생살이와 견줄 때
그대는 고요함을 깨우쳐주네.
괴로운 세상의 풍파를 버리고 맑은 샘물이 되라고.
저 조용한 배의 돛은 잠잠한 날개인 양 나의 마음을
번민의 바깥으로 이끌어주네. 지난날 나는 사나운
바다를 사랑했건만 지금 이 부드러운 물결 소리는
정녕 내 누님의 정다운 목소리같이 격렬한 쾌락에
마음 끌리는 나를 훈계하누나.

2

밤의 정적이 잦아들고
호수 기슭과 산 사이에 깔린 어둠은
어둡지만 맑고 잔잔히 만물을 감싸고

눈 덮인 드높은 봉우리
치솟은 유라봉만이 거무스레 보이는구나.
다가가면 호숫가에 피어난 꽃들이
청초하게 정기를 숨기고
귓전을 울리는 것은 삿대 젓는 나직한 물소리와
깊은 밤을 알리는 귀뚜라미의 울음소리로다.
(……)

무 지 개

　안개와 부슬비 속에서 웨일스(Wales)와 스코틀랜드(Scotland) 지방을 여행하는데, 가는 곳마다 수선화가 지천으로 피어 있었습니다. 특히나 그래스미어(Grasmere)의 푸른 초원과 호수, 그리고 양떼들이 그림처럼 어우러진 자연의 풍경은 어릴 적에 꿈꾸던 그대로의 평화였습니다. 산등성이의 안개 속을 헤치며 흐르는 냇물 소리와 초원의 싱그러운 풀 향기와 함께 워즈워스의 시어들이 당신의 말씀처럼 가까이에서 내내 맴돌았습니다.

　영국에서 느닷없이 맞이하게 된 봄이지만, 나는 계절도 생각나지 않는 어느 세월, 저쪽에서부터 당신을 찾아 떠도는 듯했습니다. 어쩌면 런던에서 본 입센(Ibsen)의 연극 페르 귄트(Peer Gynt) 때문인지도 모르겠습니다. 그가 세상을 한없이 방황하다가 어릴 적 사랑, 그를 기다려준 고향의 사랑 '솔베이지'에게로 돌아가는 모습을 보며 나는 갑자기 당신을 찾기 시작했습니다. 낯선 세상에 혼자 남겨진 것 같은 두려운 느낌에서 벗어나, 당신 품안에서 안심하며 그저 쉬고 싶었습니다. 결국 나는 당신의 변함없는 사랑, 그 영원성에서 위로받고 싶어 하는 연약한 존재일 뿐입니다.

옛날, 그러고 보니 아주 옛날에는 〈아침(Morning)〉에서 〈솔베이지의 노래(Solveig song)〉까지 자주 들으며 언제까지라도 그를 기다리겠다는 꿈을 가졌던 적이 있었습니다. 하지만 그 사랑도 덧없이 지나가고 참 많은 세월이 흘렀는지, 이제는 세상의 것을 포기하는 자유와 귀향의 편안함을 갈망하게 됩니다. 그러나 나는 아직도 무언가가 가슴 시리도록 그립습니다. 그러니까 내게 변하지 않는 것이 있다면 그리움이며, 그것은 하늘의 아름다운 무지개를 바라보던 어릴 적 마음에 이미 새겨져 있었는지도 모릅니다.

무지개

워즈워스

하늘의 무지개를 바라볼 때면

내 마음 뛰누나.
나 어릴 때 그러하였고
어른이 된 지금도 그러하거니
나 늙어서도 그러기를.
아니면 이제라도 나의 목숨 거두어가소서.
어린이는 어른의 아버지
바라건대 내 삶의 하루하루가
순수한 신앙으로 이어가기를.

내 존재의 비밀

　석양빛의 마지막 어스름은 사무치게 그리워지는 그 무엇입니다.
　낙엽 떨어지기 시작하는 가을날에, 바람 부는 아름다운 거리에 서면 더욱더 그렇습니다. 아담한 돌담길 따라 모여 있던 낙엽들이 아직은 갈 바를 모르는지 바람 따라 흩날리고 있습니다. 어둑해지는 허공을 향해 낮게 떠돌며 한동안의 따뜻함과 이별하는 모습이 애처롭기만 합니다. 이제 이렇게 조용히 다가오는 어둠이 조금씩 그리고 마냥 깊어지면, 가을이 남겨주는 저 애틋한 모습도 그나마 보이지 않을 것입니다. 그래서 나는 한참 동안 바라보았습니다. 하지만 내가 아무리 바라보아도 세상의 불빛 속으로 오늘은 어차피 사라지고, 또 잊혀질 것입니다.
　오늘이 이렇게 가듯이 이 몸의 시간도 가고 있지만, 나는 아직도 나를 잘 모르겠습니다. 내게 남겨진 세상의 시간이 그리 많지 않다는 것도 미처 깨닫지 못한 채, 아무것도 모르고 그저 살았습니다. 하지만 이제야 내가 알게 된 오직 한 가지는 당신의 사랑입니다. 그렇습니다. 지금까지 나를 살게 한 생명의 힘은 당신께서 주신 사랑이었습니다.

한때는 내가 기억상실증에 걸린 것은 아닐까 싶을 정도로 지난날이 기억나지 않아서 고민도 했습니다. 그러나 나는 내 사랑에 대한 보호 본능으로, 그 사랑 자체를 기억하고 싶어 하지 않는 어느 부분이 있다는 것을 알게 되었습니다. 잊어야만 하는 상처가 있었기 때문입니다. 그것은 나의 숨겨진 분노가 되어 오랫동안 나를 괴롭혔으며, 가끔씩은 전신의 마비 증세와 머릿속의 통증으로 견딜 수 없이 아파했습니다. 현대 의학은 나를 포기하고 말았지만, 나의 아픔은 병원을 떠나고 나서 저절로 치유되었습니다. 하지만 그 모든 것이 당신의 사랑이었음을 그때는 몰랐습니다.

내 몸은 이중사선 구조의 DNA 유전자가 3만 5천에서 4만 개 정도로 구성된 생명체라고 과학이 알려주었습니다. 핵산과 단백질의 결합이 되풀이되는 과정을 거치면서 생명이 유지되는 내 몸은, 인체의 설계도인 게놈 지도에 의해 또다시 만들어질 수도 있다고 했습니다. 그러나 그 질서정연함의 내막 속에 내가 왜 존재하게 되었는지는 과학이 밝혀주지 않았습니다. 그리고 내 영혼이 무엇을 그토록 사랑해 기뻐하고 슬퍼했는지도 영원히 알 수 없을 것입니다.

나는 어쩌면 오늘을 살고 있는 이 현실의 세상에서보다 몸 이전의, 혹은 몸으로 살고 있지 않았던 시간이 훨씬 더 길었는지도 모릅니다. 당신께서 나의 최초를 일으키셨지만, 사랑의 의미가 형성되지 않아 내 혼은 오랫동안 혼돈의 세계에서 떠돌기만 했던 것 같습니다. 기나긴 시간이 겹겹이 흐른 후에야 내 혼돈은 마침내 당신이 계획하셨던 창조의 질서를 만났으며, 그때야 비로소 당신의 영에서 비롯된 사랑에 의해 생명체로 태어났을 것입니다. 그렇기에 내 존재의 비밀은 나를 세상에 내어주신 당신만이 아십니다.

나는 인간의 이성과 자유의지를 존중하고 싶어 했으며, 내 마음을 스스로 다스리며 살 수 있다고 믿은 적이 있었습니다. 그 모든 것의 덧없음과 내 몸에 깃들어 있는 죄의 본성을 인정하기까지는 한 세월이 걸렸습니다. 무엇이 내 자신의 진실인지 스스로조차도 알 수 없을 지경으로 거짓과 위선의 옷을 입고 살았습니다. 무엇보다도 내가 얼마나 교만했는지를 생각하면 두렵고 떨리는 마음뿐입니다. 그럼에도 불구하고 당신께서는 내 인생의 고갯길 굽이굽이에서 나를 끊임없이 보호해주셨습니다. 나의 나쁜 모든 것이 벗겨지고 비워지기를 기다리고 계시는 당신 곁으로 온전히 가고 싶지만, 나는 아직도 세상 속을 헤매고 있습니다. 그래도 당신만은 언제까지라도 나를 떠나지 마시고 기다려주시기를 간절한 마음으로 기도합니다.

인생의 나그네길 반 고비에 올바른 길에서 벗어났던 내가
눈을 떴을 때는 컴컴한 숲 속에 있었습니다.
그 가혹하고 황량하며 준엄한 숲이 어떤 것이었는지는
입에 담기조차 힘들고 생각하기만 해도 몸서리쳐집니다.
그때의 괴로움이란 죽을 정도였습니다.
그러나 거기서 만나게 된 행운을 말하기 위해서는
내가 그곳에서 목격한 몇 가지 일을 우선 말해야 합니다.
어떤 경로로 거기 들어가게 되었는지는 제대로 말할 수 없습니다.
그 무렵 나는 내 정신이 아니었고, 그래서 바른 길을 버렸던 것입니다.
어두운 숲 속에서 내 마음은 두려움으로 떨고 있었습니다.
그러나 그 골짜기가 다한 곳에서 나는 그 어떤 산자락에 이르렀습니다.
눈을 들어 보니 언덕의 능선이 이미 새벽빛에 환히 싸여져 있었습니다.
온갖 길을 통해 만인을 올바르게 이끄는 태양의 빛이었습니다.

단테의 〈신곡〉 중에서 서곡의 첫 대목

평화의 기도

아시시(Assisi)는 내가 무척이나 존경하며 좋아하고 부러워하는 성 프란체스코와 클라라의 고향이기 때문인지, 보이는 모든 것이 아름다운 마을입니다. 한없이 푸르기만 하던 한낮의 하늘은 모차르트(Mozart)의 〈호른 협주곡〉으로 가득 채워진 것같이 맑고 깨끗했으며, 땅 위에는 밝은 햇살의 따뜻함이 거리마다 넘쳐 흘렀습니다. 아시시는 어느 곳에서 어디를 바라보아도, 어디서 무엇을 바라보아도 너무나도 예쁘고 정겹습니다. 마을 곳곳에 성스러운 그 무엇이 스며 있는 것 같아서 골목 모퉁이의 조그마한 가게들이며, 식당이나 카페 창가의 모습까지도 다 마음에 평안을 줍니다.

오늘은 나와 함께하시는 당신이 너무나도 가깝게 느껴져서 내 두 손은 저절로 가슴 언저리에 모아지고 있었습니다. 어젯밤에 읽은 성 프란체스코와 클라라의 편지글이 나를 정화의 길로 이끌어주었는지, 아침 햇살의 눈부심으로 깨어나면서 당신부터 찾게 되었습니다. 오늘처럼 당신의 사랑으로 나를 채우고 하루를 시작하면, 알 수 없는 불안과 두려움에서 벗어나는 평화입니다.

내 영혼의 부끄러운 때가 눈물로 씻겨질 수 있기를 바라는 심정으로 성 프란체스코와 클라라께서 수도하셨던 수도원과 성당에서 하루를 보냈습니다. 산타마리아 수도원의 하얀 비둘기와 가시 없는 장미나무, 그리고 성인께서 수도하시던 동굴과 누워 계시던 성녀 클라라의 모습이 나를 경건케 해주었습니다. 지오토(Giotto)의 벽화 〈새들에게 설교하는 성 프란체스코〉 또한 새로운 감동이었습니다. 그림 속의 성인과 비둘기를 바라보는 수사의 표정, 생명을 품고 있는 듯한 신비한 녹색의 나무, 그리고 배경으로 그려진 하늘과 자연이 모두 당신을 향한 거룩함으로 어우러져 있는 것 같았습니다.

성 프란체스코의 지하 무덤 앞, 차가운 돌바닥에 꿇어앉아 무릎 꿇고 오랫동안 기도했습니다. 무릎이 너무나도 아팠었지만, 몸의 아픔으로 가슴 아픔을 이겨내려고 했습니다. 다 잊은 줄만 알았는데, 아직도 내 속에는 원망하는 마음이 아물지 않은 상처처럼 남아 있었던 것입니다. 그러나 무언가 힘든 용서가 내 속에서 이루어진 것 같은 감사함으로 나도 모르게 울고 있었습니다. 어느덧 한나절이 지났고, 스페인에서 온 단체 관광객들을 위한 특별 미사가 시작되어 밖을 나서니 어느 화창한 봄날이었습니다.

언덕 아래에는 돌계단 따라 흐드러지게 피어난 예쁜 봄꽃들과 올리브 나무들로 둘러싸인 아름다운 마을이 그림처럼 펼쳐져 있었습니다.

성인의 생가에 들렀다가 돌담에 기대앉아 쉬고 있는데, 잔디에서 날아가려고 애쓰는 흰 나비 한 마리가 눈에 들어왔습니다. 아직은 날개가 젖어 있기 때문이니 너무 힘들어하지 말라고, 조금만 더 기다리라고, 정성을 다해 당부하며 바라보고 있었습니다. 나비가 겨우 겨우 날아가기 시작했을 때, 나는 참 기뻤습니다. 그리고 그 순간, 당신께서도 보이지 않는 내 상처를 지켜보시며 돌보고 계신다고 느꼈습니다. 나도 언젠가는 그 흰 나비처럼 당신의 기쁨이 될 수 있기를 바라는 마음으로 성 프란체스코의 〈평화의 기도〉를 당신께 드렸습니다.

평화의 기도

프란체스코

주님,
저를 당신의 도구로 써주소서.

미움이 있는 곳에 사랑을
다툼이 있는 곳에 용서를

분열이 있는 곳에 일치를
의혹이 있는 곳에 신앙을
그릇됨이 있는 곳에 진리를
절망이 있는 곳에 희망을
어두움에 빛을
슬픔이 있는 곳에 기쁨을
가져오는 이 되게 하소서.

위로받기보다는 위로하고
이해받기보다는 이해하며
사랑받기보다는 사랑하게 해주소서.
저희는 줌으로써 받고
용서함으로써 용서받으며
자기를 버리고 죽음으로써
영생을 얻기 때문입니다.

간절한

　로마에서 한 해의 마지막 달, 12월을 보내고 있습니다. 어두운 하늘에서는 거의 매일같이 12월의 겨울비가 내렸는데, 언제 그쳤구나 싶으면 어느 사이에 또다시 내리고 있었습니다. 오늘 새벽부터는 진눈깨비가 바람 따라 흩날리더니, 지금은 얌전하게 내리는 흰 눈이 밤하늘을 하얗게 채우고 있습니다.

　외국에서 일하며 보내야 하는 나날들은 내 나라에서 바라보는 달력 속의 세월처럼 쉽게 지나가지가 않습니다. 시차 때문에 새벽녘 잠을 설치다가 아침 해가 뜨면 다시 또 보내야 하는 하루가 낯설고 힘들게 느껴지고, 해가 지면 하루가 지나갔다는 안도감으로 당신께 감사했습니다. 오늘도 세상의 시간은 이렇게 지나고 있지만, 무엇인가는 내 기억 속에 과

거가 되어 남겨질 것입니다. 그리고 가끔씩은 오늘이 생각나는 미래를 갖게 되겠지요.

  어젯밤 창가를 흔들어대는 바람 소리에 잠 못 이루며 깊은 어둠 속에서 뒤척이다 보니, 가슴 시리도록 떠오르는 시구가 있었습니다. "누워서도 간절한 바람 소리 들리냐, / 바람에 섞여 오는 진한 목소리 들리냐, / 나도 멀리에 떨어져 살고 싶지 않았다." 나는 결국 일어나 앉았다가 두터운 나무 커튼을 열어젖히고 창밖을 바라보았습니다. 아! 시 속의 "반가운 소식"처럼 눈이 내리고 있었습니다. 진눈깨비였지만, 로마에서 눈이라니! 정말 뜻밖이었습니다. 시가 현실이 된 것 같았습니다. 나도 누군가에게 "살아 있는 말 몇 마디 나누고 싶어서" 전화기도, 편지지도, 간절함으로 바라보았습니다. 그저 바라만 보았습니다.

  오늘은 무슨 옛날 영화 제목처럼 로마에서의 휴일이어서 성 베드로 성당과 바티칸 미술관에서 하루를 보냈습니다. 라파엘로(Raffaello), 레오나르도 다 빈치(Leonardo da Vinci), 미켈란젤로(Michelangelo), 지오토의 성화와 조각 작품들을 돌아보며 그들의 천재성이 당신을 얼마나 기쁘게 했을까 상상해보았습니다. 특히 미켈란젤로의 피에타 상은 너무나도 완벽한 젊음이어서 가슴에 깊이 와닿는 감동이 없었는데, 오늘에야 자식을 잃어버린 비탄에 순종하는 성모의 아름다운 모습을 보았습니다. 성모께서는 품에 안겨 누우신 예수님, 다 이루신 그분의 영광을 당신께 바치는 미사를 드리느라 당신을 향해 한 손을 펼치고 계셨습니다. 아마도 미켈란젤로가 표현하고 싶었던 성스러운 어머니의 형상은 늙어가고 사라지는 인간의 한계를 초월하는 것, 그 영원성에 있었는지도 모르겠습니다.

아무튼 오늘 바라본 그의 피에타 상은 아름다움의 극치였습니다.

성당의 조용한 기도실을 찾아 촛불을 켜고 한참 동안 앉아 있었습니다. 나는 인간의 죄와 당신의 용서 그리고 고통의 신비에 대해서 내 마음대로 생각한 적이 있었습니다. 그러나 생각한다는 것은 결국 내가 세상에서 보고 읽고 듣고 경험한 것을 유추해보는 정도였습니다. 그나마 기억 속에 남아 있는 것들의 대부분은 내 감정이 우선이어서 무엇 하나 스스로 알 수 있는 진리는 없었습니다. 이 세상의 경험으로는 어차피 알 수 없는 당신의 창조 세계이며 질서 체계이고 구원 계획이지만, 선한 사랑으로 막연히 느껴온 당신을 진정으로 알고 싶었습니다. 더 나아가 당신의 모든 말씀을 증명할 수 있기를 바랐습니다. 그러다가 우연한 기회에 읽게 된 성 프란체스카와 십자가의 성 요한의 글에 깊은 감명을 받았었고, 그분들을 향한 존경심은 당신을 더욱 더 갈망하게 해주었습니다. 성 어거스틴(Augustine)의 《참회록》, 스피노자(Spinoza)의 《에티카》, 파스칼(Pascal)의 《팡세》, 플라톤(Platon)의 《신 의식》은 당신을 만나고 싶어 하는 내가 과연 무엇이며 누구인지 자신을 우선 돌아보게 했고, 내가 지니고 있는 죄의 본성을 깨닫게 해주었습니다. 그리고 성 바울의 서신들은 당신을 찾아 헤매는 나에게 당신께 가까이 가는 길을 알려주었습니다. 그러나 그 무엇보다도 나를 저절로 무릎 꿇고 두 손을 모으게 한 신비는 사도 요한의 복음서를 읽을 때였습니다. 뼛속까지 스며드는 당신의 사랑에 감사하며 얼마나 울었는지 모릅니다. 나는 드디어 말씀 속에서 당신을 만났던 것입니다.

십자가의 고통을 생각하면 너무도 기막힌 당신의 희생이며, 이해할 수 없는 인간의 잔혹함이지만, 바로 그 끔찍한 죄의 본성은 내 속에도 있었습니다. 그래서 당신께서는 나의 죄가 자랄 때마다, 내가 너무 힘들어 할 때마다 나를 찾아오셨습니다. 오랜 세월 동안 방황만 하다가 참 사랑이신 세 위격, 성부 성자 성령을 당신의 실체로 받아들이게 되었습니다. 그동안 멀리 또는 가까이 느껴온 당신의 존재를 진리로 믿고, 그리스도로 인식하며, 성령으로 의지할 때면, 더없는 평화를 느낄 수 있습니다. 세상의 일에 빠져 당신을 떠나 있으면, 산다는 것이 문득 두렵고 힘들어진다는 것도 깨달았습니다. 그럼에도 불구하고 나는 여전하게도 당신을 자주 자주 잊고 삽니다.

한참의 시간이 지난 것 같아 성당을 나서니 날은 어두워지고, 언제부터였는지 진눈깨비가 흰 눈이 되어 내리고 있었습니다. 베르니니(Bernini)가 설계하고 건축한 성 베드로 광장의 열주기둥 위에는 눈을 맞는 성인들의 조각상들이 푸르스름한 조명 빛 속에서 침묵하고 있었습니다.

크리스마스를 맞는 부산한 거리에도 눈은 내리고, 나는 호텔까지 천천히 걸었습니다. 호텔 앞, 거리에 서서 내가 며칠 동안 머물고 있는 나의 빈 방을 찾아 한참 동안 바라보았습니다. 불이 꺼져 있는 창가는 당연히 캄캄했습니다. 내 눈과 귀에 이미 익은 저 진한 어둠과 침묵은 어쩔 수 없는 쓸쓸함이라고 중얼거리다가, 당신의 따뜻함이 나를 감싸주실 것을 믿으며 발걸음을 옮겼습니다. 호텔 로비에는 미리 약속도 하지 않았는데 거래 회사의 사람들이 나를 찾아와 기다리고 있었습니다. 저녁 시간 내내 많이 웃고 얘기하며 떠들었지만, 그래도 당신만은 아십니다. 혼자의 외로운 시간보다 내가 사람들 속에서 더 외로워하는 것이 무엇인지를. 나에게는 당신의 세상을 그리워하는 간절한 그 무엇이 분명 있습니다. 하지만 나는 아직도 현실을 떠나지 못한 채, "해석하기 어렵게 지워진 이승의 주위"에서 이렇게 살고 있습니다.

간절한

마종기

살아 있는 말 몇 마디 나누고 싶어서
날씨처럼 흐릿한 집착이 몸 녹일 때도
너는 이 땅 위에서는 보이지 않고
창밖에는 어디서 보내온 반가운 소식,
간절한 눈발이 눈 시리게 하누나.

주위의 집들이 다시 숨기 시작하고
젊은 나무들이 앞장서 걸어나온다.
세상에 떠다니던 모든 간절한 것들은

피곤하게 젖은 마음을 눈 위에 눕힌다.
네 모습은 아무리 더듬어도 만져지지 않고
나도 체온을 내리고 부서져 몸을 눕히랴.

누워서도 간절한 바람 소리 들리냐,
바람에 섞여 오는 진한 목소리 들리냐,
나도 멀리에 떨어져 살고 싶지 않았다.
언제 추위를 이겨냈다는 신호등 켜지고
해석하기 어렵게 지워진 이승의 주위,
간절한 것 몇 개 남아 떠날 차비를 한다.

빈치 마을

    어느덧 가을이 다가오고 있는지 해가 지면 선선한 바람이 불어 반갑고, 아침에 창을 열면 벌써 싸하게 느껴지는 맑은 공기가 고맙기까지 합니다. 오늘은 오래전부터 가고 싶어 하던 승마장을 찾아 나섰습니다. 피렌체에서 자동차로 두 시간 정도 걸리는 빈치(Vinch) 마을 근처인데, 산등성이 전체의 어느 길에도 자동차가 다니지 않고, 보이지도 않는 승마장입니다. 그래서인지 문명 이전의 아득한 옛날을 찾아 멀리 떠나온 것 같았습니다.

    새벽의 숲길에서 말을 타고 달릴 때면, 바람이 몰고 오는 싱그러운 나무 냄새가 대지의 흙냄새와 함께 천지를 가득 채우는 듯했습니다. 자연의 그 향기는 마치 바람의 속도가 일으키는 창조의 신비처럼 느껴졌습니다.

풀잎마다 맺힌 아침이슬을 바라보며 당신께 감사하는 내 마음 열어 보이면, 햇빛에 반사되는 눈부심으로 삶의 무게는 날아갈 듯이 가벼워지고 있었습니다.

숲 속의 길에는 말을 달리다가 쉴 수 있는 예쁜 통나무집들이 적당한 거리를 두고 있는데, 그곳에서 간단한 식사를 하게 되었습니다. 창밖의 가을 나무들을 바라보고 있으려니 시 〈그림 그리기 5〉가 자꾸만 생각났습니다. "혼자서 멀리 떠나야만 / 길고 편한 잠 이룰 수 있는 것 알면서 / 땅에 떨어지기 싫어하는 / 낙엽이 있다면 어쩌겠냐." 가을빛으로 물들기 시작하는 저 나뭇잎들이 "겨울이 되기 전에 땅이 되어야 하는 / 약속의 시간을 어긴다면 어쩌겠냐." 나도 모르게 시를 읊다보니 나의 시간도 세상의 어느 마지막 날을 향해 가고 있었습니다. 빈 몸이 되어 떠나야 한다는 것을 분명히 알고 있으면서도 무엇부터 버려야 할지는 아직도 잘 모르겠습니다.

나무들 사이로 보이는 높은 하늘은 한없이 푸르기만 했는데, 더 이상 말을 타기에는 한낮의 태양이 너무 뜨겁게 느껴져서 승마장을 떠났습니다. 돌아오는 길에 '빈치 마을에서 온 레오나르도'라는 의미를 갖고 있는 레오나르도 다 빈치의 고향집에 들렀더니 나 혼자만이 방문객이어서 특별한 손님 같았습니다. 빈치 마을이 한눈에 내려다보이는 언덕 위의 아담한 집이었는데, 그곳에서 천재가 태어나고 자랐다는 것은 역사여서 여러 가지 자료가 전시되어 있었습니다. 그러나 그가 세상에 남긴 여러 가지 흔적 속에서 내가 느낀 것은, 그를 통해 우리에게 전해주려는 당신의 무한한 사랑이었습니다.

그림 그리기 5

마종기

그리던 나무를 아무래도 지워야겠다.

혼자서 멀리 떠나야만
길고 편한 잠 이룰 수 있는 것 알면서
땅에 떨어지기 싫어하는
낙엽이 있다면 어쩌겠냐.

바람은 밤낮으로 거칠게 불어대고
겨울이 되기 전에 땅이 되어야 하는
약속의 시간을 어긴다면 어쩌겠냐.
언제 우리 마음을 완전히 풀어놓고
언제 인연의 수갑을 두 팔에서 풀어놓고
정신없이 밀린 잠을 잘 수 있으랴.

마지막 날의 그림을 그린다.
마무리하던 나무를 지우고, 그 위에

모든 색깔을 다 지우고,
짧고 간단한 향기를 그린다.

편안하다는 것은 결국 무엇일까.
우리가 다시 만날 때는
나무 옆에 서 있는 향기가 되겠지.
여기 있다고 말할 것도 없고
생각도 없이, 만질 것도 없이
밤낮으로 보고만 있으면 편안하지 않겠냐.

지나간 날들의 많은 영혼이 돌아오면
우리들의 빈집을 그냥 내어주고
가방 가득히 들고 다니던 사랑도
우리들 긴 잠 속에 놓고 오면 되겠지.

사랑으로 창조된 그림

　한국에 돌아가려고 로스앤젤레스 공항에서 탑승 수속을 하다가, 갑자기 샌프란시스코에 가서 아이를 만나보고 떠나야겠다는 생각이 들었습니다. 그래서 비행 일정을 취소하고는 렌트카 회사의 자동차를 빌려서 미국 서부의 1번 해안도로를 운전하게 되었습니다. 사실 이 장거리 운전은 오랫동안 벼르기만 했었는데, 이번 기회가 아니면 할 수 없을 것 같아서 작정을 하고 떠났습니다.

　눈부신 아침해를 바라보며 운전을 시작했고, 계획했던 대로 해안도로를 달리다가 태평양으로 지는 석양을 실컷 바라볼 수 있었습니다. 아침에 떠오른 태양이 하루의 마지막을 위해 준비하는 저녁노을은 참 아름다웠습니다. 그런데 떠오르는 아침의 태양보다도 하루의 추억을 지고 가는 태양이 어찌나 찬란하고 장엄했는지 모릅니다. 예전에는 미처 몰랐다는 사실이 정말이지 놀랍기만 했으며, 믿어지지가 않았습니다. 차창 앞에서 바라보이던 붉은 해가 나중에는 뒤에서 나를 쫓아오듯이 백미러를 통해 보여지고 있었습니다. 내 젊음의 한창을 지나고, 끝을 향해가는 인생의 길을 하루 종일 운전하는 것 같았습니다. 결국 해안에 차를 세우고는 하늘과 바다를 태울 듯이 붉게 물들이며 떠나가는 석양을 오랫동안 바라보았습니다. 수평선을 넘어가는 태양의 마지막 모습이 내 눈과 마음에 깊이 새겨질수록, 무어라 형언할 수 없고 표현할 수도 없는 감정의 소용돌이가 나를 아프도록 휘젓고 있었습니다. 오늘 하루가 가고 있을 뿐인데도, 이토록 사무치게 그리울 줄은 예전엔 미처 몰랐던 것 같았습니다. 어찌할 수 없이 뛰는 가슴으로 김소월 시인의 〈예전엔 미처 몰랐어요〉라는 시를 계속 읊다보니, 저절로 편안해지고 있어서 신기했습니다. 나는 다시 길을 떠났고, 누군가의 위로를 바로 옆에서 받는 것처럼 당신이 가깝게 느껴졌습니다. 해 그림자의 어스름한 빛도 끝내 사라지고 어둑어둑해지더니, 차창 밖에는 어느 사이 보름달이 희미하게 보이기 시작했습니다.

    샌프란시스코에 도착한 대로 차를 돌려주고는 조그만 여행 가방 하나 들고 거리에 나섰습니다. 어둠이 깊어진 황량한 거리에는 가을 바람이 몹시 불었고, 춥기까지 했습니다. 아이가 사는 아파트 쪽으로 걸어가다가 어느 상점 앞에서 나도 모르게 발걸음이 멈추었습니다. 유리 진열장 안에 전시된 어느 그림이 눈에 띄었고, 그 앞을 몇 번이나 오갔는지 모릅니다. 그냥 지나칠 수 없는 간절한 무엇이 그 그림 속에 분명히 있었습니다.

내가 도대체 어디에서 이렇게 서성거리고 있는지 갑자기 의아해져서 간판을 보니 'Richard Thomas Galley'였으며, 그곳은 셔터 스트리트(Sutter st.)와 포웰 스트리트(Powell st.) 코너 가까이에 위치한 조그만 화랑이었습니다. 늦은 시간이라 화랑의 문은 닫혀 있었지만, 불 켜진 창가의 그림은 나에게 무언가를 얘기하고 싶어 했습니다. 얼핏 바라보면, 르네(René Magritte)의 그림 같았는데, 자세히 보니 'A. Butisoky'라는 낯선 이름의 사인이 있었습니다.

내가 특별히 좋아하는 화풍의 그림은 아니었지만, 바람 부는 추운 거리에서 나를 붙들고 있는 어떤 이끌림이 무엇일지 궁금해서 한참 동안이나 바라보았습니다. 그림 속에도 차가운 바람은 불고 있는 것 같았고, 흰 눈과 그 흰 눈과 대비되는 캄캄한 어둠만이 인적 없는 거리를 덮고 있었습니다. 매서운 추위와 깊은 외로움이 느껴지는 그림의 배경이지만, 마을의 불 켜진 창가마다 배어나오는 불빛은 너무나도 그리운 색상이었습니다. 흰 눈과 짙은 어둠 그리고 견고하게 이어진 벽돌담의 단단함을 비쳐주고 있는 창가의 불빛은 슬프리만치 따뜻해서 눈물이 났습니다. 창가의 불빛이 어찌 저토록 애잔할 수 있을까를 생각하다 보니, 그 창 안에는 누군가를 자기 목숨보다도 사랑하는 사람들이 살고 있을 것 같았습니다. 문득 그림이 내게 전해주는 화가의 간절한 마음이 시처럼 읽혀지고 있었습니다. 그는 창가의 불빛들을 바라보며 사랑하는 사람을 무척이나 보고 싶어 했을 것입니다. "보고 싶다. 보고 싶다"라는 그의 절실한 그리움은 그대로의 진실이며, 사랑이었다는 당신의 음성이 들려오는 것 같았습니다. 넘치는 사랑으로 창조된 한 폭의 그림에서 나는 생명 에너지를 느낄 수 있었고, 그렇기 때문에 그냥 지나칠 수 없었다는 것을 깨달았습니다. 만약 사랑의 열정 없이 기술적인 재능으로 그려진 그림이라면, 하나의 물질이거나 상품일 뿐, 아무런 감동도 없었을 것입니다.

 아침해를 바라보며 길을 떠났는데, 어느덧 캄캄해진 밤하늘에는 별이 빛나고 있었습니다. 세상의 어느 누구에게나 공평하게 그저 주신 당신의 아름다운 창조 세계이지만, 오늘만큼은 나를 위해 특별히 준비해주신 선물 같기만 합니다. 당신의 사랑을 받기만 한다는 두려움, 그 경이로운 떨림으로 어쩔 줄을 모르겠습니다. 하루 종일 운전했고, 아이와 밤새도록 얘기하면서도, 당신의 깊은 사랑이 느껴져서인지 피곤하지가 않습니다. 뿐만 아니라, 내 아이를 나보다 더 사랑하고 계신다는 확신은 얼마나 큰 기쁨인지요. 내게 베풀어주시는 더없는 은혜에 감사하는 마음으로 기도하며 맞이한 이 새벽, 나는 또다시 서울로 돌아가기 위해 공항으로 가서 비행기를 타야 합니다.

황포강을 바라보며

나는 가끔씩 유별스러운 출장 일정을 갖게 되는데, 이번에도 공항에서 시내로 들어오는 시간 이외에는 며칠 내내, 호텔 안에서만 머물고 있습니다. 이탈리아 본사에서 온 임원들과 하루 종일 회의를 하다보면, 오늘도 무심히 지나갈 것입니다. 합자 회사의 생산 공장을 상하이에 설립하려는데, 예측할 수 없이 변화하는 중국이어서 그동안의 협상 내용을 다시 검토하는 회의를 거듭하고 있습니다. 정신을 집중하고 있어야 한다는 부담감에 짓눌려서인지, 저녁도 호텔 안에서만 하게 되고, 아무튼 밖으로는 나가고 싶지가 않습니다. 그래서 하루의 일을 끝내고 방에 들어서면, 그리고 아침에 눈을 뜨면, 가장 먼저 바라보게 되는 창밖의 전망이 내게는 얼마나 소중한지 모릅니다.

내 기억 속에는 외국의 수많은 강물들이 흐르고 있습니다. 그러나 상하이의 이 그랜드 하야트(Grand Hyatt) 호텔방에서 바라보이는 저 황포강만큼 깊은 우수를 담고 있지는 않습니다. 돛을 단 배들이며, 많은 기선들이 지나다니기 때문인지, 삶의 진한 무게를 가득 안은 채, 세월의 강물이 흐르는 것 같은 풍경입니다. 뿐만 아니라, 황포강을 바라보고 있으면 이상하게도 내 나라의 모든 것이 애틋하게 그리워집니다. 나라를 잃고 독립운동을 했었던 아주 먼 옛날의 기억을 내가 갖고 있는 듯한 어이없는 착각으로 가슴이 아리기도 했습니다. 어쩌면 이곳에 상해 임시정부가 있었고, 중국 경제의 성장력에 두려움을 느꼈기 때문일 수도 있습니다. 그러나 그것만은 아닌, 정서적인 어떤 영향을 시에서 받은 것 같기도 합니다. 주요한 시인의 〈아침 황포 강가에서〉라는 시의 어느 연, "아침 황포 강가에서 안개가 거칩디다, 거칩디다. 아침 황포 강가에서 기선이 웁디다, 웁디다."를 아침마다 중얼거렸으니까요.

오늘 아침에도 잠에서 깨어나자마자 창밖의 황포강을 한참 동안 바라보았습니다. 어제의 안개는 어디로인가 다 사라지고, 은빛 찬란하게 반짝이는 물결이 눈부시게 일렁이고 있었습니다. 햇살이 너무 밝아서인지, 고국에 내리던 어두운 겨울비가 생각났습니다. 그리고 보니 불과 며칠 전의 일입니다. 한강가에 차를 세우고, 강물에 하염없이 쏟아지는 빗줄기의 떨림을 바라보며 세상일을 잊으려 했습니다. 그 어느 곳에 차갑게 맺혀 있었던 이슬의 기억조차도 너무나 그립다고, 하지만 이제는 그저 맑은 강물이고 싶다는, 겨울비의 쓸쓸한 고백을 듣고 있었습니다. 주위는 점

점 어두워지고, 기도 소리 같은 비의 울음소리는 더욱 크게 들려오는데, "침묵으로 아직도 기다려주시는 손길"이신, 당신께서는 내 눈물을 닦아 주고 계셨습니다.

두렵고 떨리는 마음으로
마종기

당신에게로 향합니다.
두렵고 떨리는 마음으로

당신은 혹시 웃고 계십니까.
주의에서 말없이 걸어가실 때에는
불안하고 답답한 짜증만 나더니
놀랍게도 짙은 장막 천천히 내리고
언젠가 들었던 저 낮은 목소리로
아, 형체가 시작되는 내 여명의 시간
세상을 걷어내는 기적의 빛
두렵고 떨리는 마음으로
당신에게 한 발씩 걸어 나갑니다.

그러나 자주 발길을 멈추는 내 게으름,
온갖 것에 두리번거리는 방심과 의심,
여기가 과연 내 어두움의 어디쯤입니까.

그간에 화사한 햇살의 나이들 지나고
먼 묵상의 저녁물이 되었습니다.
겨울로 접어드는 언덕이 보이고
올해의 모든 과일을 따서 향기를 넣어
목마르고 배고픈 이들에게 나누어준
가지 잘려 홀로 가벼운 나무가 보입니다.

당신은 혹시 울고 계십니까.
주고 또 준 것이 너무 많아서
오늘은 헐벗은 당신이 추워 보입니다.

자연스런 자연으로 해방되는 계절.
침묵으로 아직도 기다려주시는 손길
추워하는 당신에게 다가갑니다.
아무것 가진 것 없이, 참으로
두렵고 떨리는 마음 하나로.

그대와 내가 가는 길

　새해 첫날이면, 유난히도 바다가 보고 싶어집니다. 우리나라 동해 바다 위로 조용히 떠오르던 아침해의 신비한 모습을 잊을 수가 없기 때문입니다. 천사의 후광 같은 경건한 빛으로 세상의 어둠을 깨우려는 듯, 먼 하늘이 점점 밝아지더니, 드디어 "환하게 소리치며" 나타난 새로운 아침이었습니다. 그 순간의 경이로움으로, 당신께서는 어제의 나를 용서해주고 계셨습니다.

　어느 해부터인가, 내게 남은 시간을 헤아려보는 것이 새해를 맞이하는 예식처럼 되었습니다. 몇 년 전까지만 해도 간단한 덧셈으로 늘어난 나이일 뿐이라며, 어릴 적과 다름없이 들뜬 기분으로 지냈던 것 같습니다. 책임과 욕심에 대한 분별력도 없이 이것저것 여러 가지 계획을 세우면서, 그 일을 잘할 수 있어야 한다는 강박관념에 시달리기도 했습니다. 그런데 어느 날 문득, 내 나이에 숫자가 더해지는 것만큼, 앞으로 살아야 할 실제의 나이는 해마다 줄어들고 있음을 깨달았습니다. 점점 더 젊어지다가, 나의 처음으로 다시 돌아가고 있다는 생각이 들었습니다. 삶의 의미를 당신에게서 찾기 시작했지만, 내가 갖고 있는 많은 것에 여전히 집착하고 있었습니다. 어쩔 수 없는 걱정과 근심은 험한 세상으로부터 자신을 지키기 위해서라고 변명하면서도 너무 힘들었습니다. 항상 목말라하던 나의 갈증과는 상관없이 시간은 무심하게 흐르기만 하더니, 내가 보내지 않았는데도 과거 속으로 그냥 떠나갔습니다. 그동안의 내 나이와 함께한, 지난 세월은 이미 다 사라지고, 남겨진 모든 것도 변하고 있음을 인정해야 했습니다. 그러나 순수를 갈망하는 마음만은 변하지 않은 채, 그대로 남아 있었습니다. 나와 세상 그리고 사람들과의 관계를 아름답게 해주었던 것은, 당신의 사랑이 깃들어 있던 마음이었습니다. 그래서 따뜻함이 느껴지는 그리운 기억들은 당신이 주신 놀라운 축복임을 알게 되었고, 그래서 영원토록 잊을 수 없는 진실일 것입니다.

　세상의 아름다운 모든 진실은 당신께서 주셨다는 믿음 때문인지, 추억할 수 있다는 것만으로도 행복했으며, 나의 하루하루가 소중하게 느껴졌습니다. 내가 그저 받은 것이 그토록 많은데, 어떻게 보답해야 할지는 아직도 잘 모르겠습니다. 하지만 언제라도, 어느 곳에서도, 나의 부족함을 감싸주시는 당신을 생각하면, 가슴이 미어지는 듯한 감사함으로 눈물만 흐릅니다. 새해에는 "그대와 내가 가는 길"에서 당신의 변함없는 사랑, 그 빛의 기쁨을 세상 사람 모두가 만나게 되기를 희망하며, 떠오르는 아침해를 바라봅니다.

그대와 내가 가는 길

마종기

아침이 환하게 소리치며 밀려온다.
그대여, 수많은 실수와 어두움에서 깨어난
그대여, 이제 깨어 일어나 웃고 있는 이여.
땀 흘리며 눈물 흘리며 먼 길 걸어온 나그네라면
그 누가 그대의 비틀거린 걸음을 탓하랴.

지난날의 착오와 후회들이 산같이 크고
나 역시 어디 부끄럽지 않은 것 찾기 힘들지만
문득 돌아보면 우리들 살아온 길이
무심하고 의미 없는 것이 하나도 없구나.
모질고 험하였듯이 아득하고 귀하구나.

두 손을 다오. 그대와 내가 같이 가는 길,
피곤의 먼지와 혼돈의 바람을 잠재우고

그대 밝고 맑은 심성의 손을 다오.
마주 잡은 따뜻함이 주위에 찬다.
세상의 추위와 절망을 부드럽게 녹여준다.

아직도 가야 할 길이 빗물에 흐려지고
때때로 내 욕심의 먹구름도 길을 막고 나선다.
이제 그대의 너그러움과 확신의 눈빛만이
신산하고 불안한 우리의 발길을 밝혀주리니
풀 죽은 두 눈동자 씻고 문을 열고 나서자.

새해 첫날,
기억의 가슴을 열고 새벽닭이 운다.
목적의 먼 마을이 깨어나고,
당신과 나의 길이 밝아온다.

영원한 사랑

　우리는 무언가를 이루기 위한 과정으로 오늘을 살고 있습니다. 따라서 우리에게 일어나는 모든 일들은, 계속되고 있는 창조 행위인 것입니다. 물론 우리를 통해서 이루고자 하는 신의 목적과 계획은 분명히 있으며, 그것을 인간의 욕심에 의해서 상상하거나 기대할 수는 없습니다. 혹시라도 우리가 원하지 않는 삶의 길에서 헤매고 있을지라도, 선한 세상으로 이끌고 계시는 그분의 사랑을 언젠가는 느끼게 될 것입니다. 신의 완전성을 향해 우리의 시간이 거듭해서 흐르고 있다는 것을 여러 가지 방법으로 계시해주실 것이기 때문입니다.

　우리가 살고 있는 이 우주는 약 150억 년 전에, 무한히 작아서 부피가 없던 점, 상상을 초월하는 밀도로 응집되어 있던 '특이점'으로부터 탄생

되었다고 과학은 말합니다. 그 특이점이 급속도로 팽창하면서 거대한 폭발인 빅뱅을 일으킨 결과 이 우주를 구성하는 모든 물질이 생겨났고, 시간도 비로소 시작되었다는 것입니다. 그 점은 어떤 공간이 이미 있어서 그 공간 안에 있었던 한 점이 아니고, 공간과 시간을 모두 포함하는 점을 의미합니다.

그러니까 이 세계는 영원한 과거로부터 막연하게 존재해온 것이 아니라, 무에서 생성된 최초의 순간이 있었다는 것입니다. 이로써 우리는 신이 무로부터 물질세계인 우주를 창조했음을 보다 확고한 믿음으로 받아들일 수 있게 되었으며, 성 아우구스티누스의 "세계는 시간 속에서 창조된 것이 아니라, 시간과 함께 창조되었다."는 말씀도 이해할 수 있습니다.

미국의 물리학자 프랑크 티플러(Frank Tipler)는 빅뱅 이후로부터 시작된 우주의 역사는 하나의 '오메가 점'을 향해 가는 과정이라고 말합니다. 이 오메가 점은 전통적인 신의 속성을 지닌 최종점일 뿐만 아니라, 우주의 움직임이 시작된 창조의 출발점이며, 지적인 생명이 영원이라는 차원으로 옮겨가서 부활하게 되는 어느 곳을 의미한다고 했습니다. 이러한 우주의 역사와 마찬가지로 우리도 그리운 본향인 처음으로 돌아가고 있는 것입니다.

하지만 이상하게도 시간의 처음과 마지막에 대한 종교적 차원의 설명은 〈창세기〉와 〈요한계시록〉에서만 읽을 수 있었으며, 자유의지에 의해 우주를 창조한 신이 존재한다는 것도 오로지 성경을 통해서 처음 알게 되었습니다.

뿐만 아니라, 성경은 "나는 알파와 오메가, 곧 처음이며 마지막이요, 시작이며 끝이다. 목마른 사람에게는 내가 생명수 샘물을 거저 마시게 하겠다."라는 말씀이 곧 하나님의 영원성이며, 완전한 사랑임을 깨닫게 해 주었습니다. 이제야 우리는 더 이상의 목마름이 없는, 영원한 사랑을 희망할 수 있게 된 것입니다.

내가 비옵는 것은 이 사람들만 위함이 아니요, 또 그들의 말로 말미암아 나를 믿는 사람들도 위함이니 아버지여, 아버지께서 내 안에, 내가 아버지 안에 있는 것 같이 그들도 다 하나가 되어 우리 안에 있게 하사 세상으로 아버지께서 나를 보내신 것을 믿게 하옵소서. 내게 주신 영광을 내가 그들에게 주었사오니 이는 우리가 하나가 된 것 같이 그들도 하나가 되게 하려 함이니이다. 곧 내가 그들 안에 있고 아버지께서 내 안에 계시어 그들로 온전함을 이루어 하나가 되게 하려 함은 아버지께서 나를 보내신 것과 또 나를 사랑하심 같이 그들도 사랑하신 것을 세상으로 알게 하려 함이로소이다. 아버지여 내게 주신 자도 나 있는 곳에 나와 함께 있어 아버지께서 창세 전부터 나를 사랑하시므로 내게 주신 나의 영광을 그들로 보게 하시기를 원하옵나이다. 의로우신 아버지여 세상이 아버지를 알지 못하여도 나는 아버지를 알았사옵고 그들도 아버지께서 나를 보내신 줄 알았사옵나이다. 내가 아버지의 이름을 그들에게 알게 하였고 또 알게 하리니 이는 나를 사랑하신 사랑이 그들 안에 있고 나도 그들 안에 있게 하려 함이니이다.

요한복음 17장 20~26

시와 그림,
사랑의 빛깔로 다가왔습니다

초판 1쇄 인쇄   2005년 9월 21일
초판 1쇄 발행   2005년 9월 28일

지은이 | 황혜숙
펴낸이 | 한 순 이희섭   **펴낸곳** | 나무생각
편집 | 신철호 정지현   **디자인** | 노은주 서은영
마케팅 | 나성원 김선호   **경영지원** | 김선영

출판등록 | 1998년 4월 14일 제13-529호

주소 | 서울특별시 마포구 서교동 475-39 1F
전화 | 334-3339, 3308, 3361   **팩스** | 334-3318
이메일 | tree3339@hanmail.net   namu@namubook.co.kr
홈페이지 | www.namubook.co.kr

ⓒ 황혜숙, 2005

ISBN 89-5937-104-1 03810

값은 뒤표지에 있습니다. 잘못된 책은 바꿔 드립니다.